新典社選書 79

ゴジラ傳《でん》

——怪獣ゴジラの文藝学——

志水義夫著

新典社

緒、ゴジラ六十周年

西暦二〇一四年はゴジラ六十周年ということで、賑《にぎ》やかでした。衛星放送やケーブルテレビはこぞってゴジラ映画を放送し、雑誌や関連書籍が書店の棚に並びました。そこで驥尾にぶらさがって、ゴジラ本でも書いてみようか、というので一気に書き上げたのが本書です。もちろん、完全な書き下ろしではなく、「ゴジラ六十周年記念」と冠して授業を行った講義ノートをもとにしています。どんな授業をしたんだ？　というと、ひとつは東海大学文学部日本文学科の「映像と文学」という授業。ここでは、映画の場面に逐一、コメントをつけてみました。まさに『古事記』や『万葉集』を読むときのように、です。もうひとつは武蔵野大学文学部日本文学文化学科の「民俗学研究」という授業。ここではこの映画の構造を民俗学の〈お約束〉で読み解いてみました。この二つをまとめあわせて当初「怪獣ゴジラの文藝学」というタイトルを付けてみたのが本書の始まりです。

でも直接のきっかけとなったのは夏休みに公開されたアメリカ《USA》映画『GODZILLA』を観たことです。おもわずブログに感想を書き綴ったほど、いろいろと考えさせてくれる作品でした。

序はそのブログ記事を膨らませたものです。

実をいうと、ゴジラ映画が好きというよりは、伊福部昭の力強くしつこく反復される音楽が好きで、『リトミカ・オスティナータ』（ピアノ協奏曲）とか『ラウダ・コンチェルタータ』（マリンバ協奏曲）などを、ストレスがたまったときに大音響で聴いて心を癒しています。ですから、伊福部サウンドのないゴジラ映画はほとんど見ていません。

ごめんなさい、うそです。『ゴジラ・エビラ・モスラ　南海の大決闘』とか『怪獣島の決戦　ゴジラの息子』（どちらも音楽は佐藤勝）とかしばしばレンタル屋さんでＶＨＳテープを借りて観ていました。今回の日本映画専門チャンネル（衛星放送局）の一挙放送企画で『ゴジラ２０００《ミレニアム》』とか『ゴジラ　FINAL WARS』なども茶の間で観ることができました。

でも、誰もがいうことですが、昭和二十九年1954に製作された『ゴジラ』（以下「ゴジラ1954」と呼んで進めます）は、三十におよぶ――二年に一作はゴジラ映画が作られていたことになります――作品の中でも孤高の存在だと思います。数あるゴジラ映画作品の中で、この作品ほど、多方面に展開できるメッセージをもったものはない。いや、ゴジラ作品としてではなく、ひとつの文学作品として、向き合うに十分価値ある作品だと思ってきました。

ですから今年、ゴジラ六十周年を期に、註釈という形でこの作品に向かい合うことにしたのです。そして授業で話題にするために、『GODZILLA』を観に行きました。そこから話を始めましょう。

平成二十六年十一月三日

＊本書では、以下和暦西暦を併記してゆくことにします。これは和暦の方が時代感覚がつかみ易いこと、西暦のほうが時間的位置が計算し易いことの両方の理由です。ただ、各作品については初出以外、「『(作品名)』西暦」でその作品の公開年（ＴＶ作品の場合初回放映年）を示します。なお、ゴジラについてはタイトル作品は、ゴジラ（GODZILLA）＋西暦で、それ以外の作品は右記に従い『(作品名)』＋西暦で示しましたが、引用の場合は「ゴジラ」、キャラクターとしての場合は括弧無しとしています。

目　次

【ゴジラ聖地巡礼】＊写真撮影＝著者

序、バーボングラスで日本酒を —— 米製ゴジラ

(1) アメリカ映画のお約束

ゴジラ六十周年に沸く平成二十六年2014夏、公開された映画『GODZILLA』（以下、本書では「GODZILLA 2014」と呼んでいきましょう）を観《み》に行きました。前評判からゴジラ1954の完全リメイクかとおもったGODZILLA 2014は、リメイクではありませんでした。今回の作品を一言でいうならば、典型的なハリウッド風アメリカ映画にゴジラ映画の〈お約束〉——ゴジラ映画だと感じさせる要素（主に場面の構図・アクション等）——を散りばめた続編です。

基本となる筋・テーマは次の三つ。

A、あるファミリーがいて、家族を守るべき父親が外出先から苦難を経て家族のもとにも

どりハッピーエンド。

B、地球を守るゴジラ・敵怪獣と戦うゴジラ。

C、核と戦争もしくは自然の問題。

前評判では、もしくは巷間のゴジラ熱では、Cの点が大きく取り上げられていました。NHKの衛星放送でのゴジラ特集番組しかり、雑誌『PEN』の特集（平成二十六年2014七月十五日号「ゴジラ完全復活」）しかり、ネットでの話題しかり。

しかし実際に作品を観てみると、この点に注目するのなら、アメリカ映画において軍事核をどう扱ってきたのか――とくにHIROSHIMA（以下、核兵器の問題が関わるときはローマ字表記とします）との関係――という観点から論じる必要があると思いました。ゴジラにおける核の問題ではなく――ゴジラ論において、もはや核の問題は当然のことであって、いまさら問題にする内容ではないでしょう――アメリカの表現文化における軍事核の表現史という問題を立ててこの作品は論じるべきものではないのか。それをとくに研究できるのは日本人かもしれません。本国《USA》では規制がかかるかもしれないデリケートな問題になりそうです。

今回の作品では、核兵器を最終兵器として使うべきか否かということが問題になってはいましたが、そこに深い葛藤が描かれているわけではありません。芹沢猪四郎博士（渡辺謙）が、

HIROSHIMA の遺児という設定になっていても展開に翳《かげ》を落とすには至っていません。基本的に核は怪獣の餌として扱われているだけです。このあたりにユナイテッド・ステイツの限界が見えた気がします。

したがって、世評でゴジラ 1954 に見出されている科学の傲慢の問題に通じるとされる今回の作品への前評判に対しては、鑑賞後、疑問を持ちました。あえて悪意を以て言えば、ゴジラ六十周年ということで、名作と評判高いゴジラ 1954 の抱え込んだ社会性を強引にこの作品の中に見出すことで話題性を煽ったという言い方になりますが、単に GODZILLA 2014 がゴジラ 1954 と核問題で結びついていると思って観たら、そうではなかったというだけのことです。しかし、このことが示すのは、それほどわたしたちの国で作られたゴジラ 1954 の完成度が高く、それだけ日本限定の作品であるということだと思います。

(2)　GODZILLA 1998

米製《USA》という点では、平成十年 1998 に公開された『GODZILLA』、通称エメリッヒ・ゴジラ（以下、作品を示すときは「GODZILLA 1998」とします）が先行作としてあげられます。エメリッヒ監督には『インデペンデンス・デイ』（平成八年1996）が面白かったので期待したのですが、GODZILLA 1998を初めて観たときには、とまどいしかありませんでした。公開当時の日本での（ゴジラ・フリークの）評にも多く聞かれましたが、『ジュラシック・パーク』（平成五年1993）のもじり（パロディ）みたいな印象で覆われたせいかもしれません。

しかし、今回あらためてＤＶＤを見直してみると、ゴジラ1954やゴジラ1984（昭和五十九年1984公開の映画『ゴジラ』のことです）をよく研究してリメイクされていることに気づきました。例えば冒頭、タイトルロールに続いて日本のマグロ漁船のシーンとなります。操舵室で相撲を見ているのは船長でしょうか。レーダーに奇妙なものを発見して、次にマグロの加工室あたりで働く船員のシーン、続いてゴジラに襲われる展開は、明らかにゴジラ1954（貨物船が襲われる）・1984（マグロ漁船が襲われる）の冒頭を踏まえています。主人公の生物学者が、チェルノブイリの研究現場から米軍に拉致されて本国《アメリカ》に連れ戻されてから、新しい研究テーマを与えられるシーンも、大戸島における山根博士の調査シーンの作り直しです。ニューヨークのビル街に現れたゴジラがヘリに追われながら、ビルの影に隠れ、ビルの腹に空いた穴を挟んでヘリと対戦するのは、ゴジラ1984の新宿の超高層ビル街での、ゴジラとスーパーＸ（対ゴジラ兵器）との戦いの再現です。ニューヨークのビル街はきちんと尻尾で壊されますし、上手にゴジラ

1954やゴジラ1984を取り込んでいます。おそらくヒロインのＴＶレポーター見習《みならい》、オードリー役の女優（マリア・ピティロ）にゴジラ1954のヒロイン、恵美子さん役の女優（河内桃子）の面影があるのも意図的にキャスティングしたのではないかと思われます。襲われた漁船の生存者の老人に「ゴジラ」と云《い》わせている場面も、大戸島のゴジラの伝説を語る古老（高堂國典）の面影があります。そしてなにより、冒頭に核実験の場面を置き、主人公を反原発主義者と設定し、核実験による新種としてゴジラの性格づけを行ってゆくのは——核実験に耐える生物の登場ということですから——ゴジラ1954以来、シリーズが共有しているテーマそのもので、むしろGODZILLA 2014よりも核問題を前面に押し出して扱っているように思われます。ただし、その責任がフランスに転嫁されている——冒頭の核実験が仏領パナマ諸島ムルロア環礁で行われたことになっています——点は、アメリカ《USA》に核実験の責任を負わせていない点で興味深く思います。

それでもGODZILLA 1998はゴジラ映画としての違和感をぬぐえません。

例えば『三大怪獣　地球最大の決戦』（昭和三十九年1964公開）や『怪獣大戦争』（昭和四十年1965公開）というゴジラ映画があります。前者ではゴジラたち地球の怪獣は、鳴き声で会話をし——だから「モンスター語」があるのだという解釈も生まれます——モスラを介して小美人が人間に通訳しています。後者――ゴジラとラドンが宇宙人（X星人）に連れさられて洗脳されて地球を襲うのですが、やがて人類の活躍によって洗脳が解け、凶悪宇宙怪獣キングギドラと戦うという作品です――では、X星でキングギドラを撃退し小踊りして喜ぶゴジラに、当時流行していた赤塚不二夫のまんが『おそ松くん』のサブキャラクターであるイヤミの有名なポーズ「シェー！」をまねさせています。あるいは『怪獣島の決戦　ゴジラの息子』（昭和四十二年1967公開）ではゴジラとミニラのほのぼの親子物語的な場面が描かれています。つまり体長五十メートルもあるゴジラであっても、われわれ人類の延長線上に等身大で置かれています。言語コミュニケーションをとり――アメリカだとボディ・ランゲージになるでしょう――人間の流行を追いかける。これが日本のゴジラ映画でのゴジラです。

人類とは異なる生物をわれわれ人間と等身大にうけとめる。これはウルトラマンにしても仮面ライダーにしても同じで、この点については文化基盤の違いとして前著『少年少女のクロニクル』（新典社新書62）でも触れました。

簡単にいうと宗教的側面での世界観・価値観の違いです。**GODZILLA 1998**でのゴジラは生物です。人類外の存在として〈恐怖〉を属性として現れ――これは**ゴジラ1954**でも同じですが――人類を圧迫します。ですからゴジラの動きは非人間的・爬虫類的です。この生き物は、

「シェー！」なんてしません。〈人類／非人類〉という価値観が絶対的基盤として設けられています。いいかえれば万物の霊長として神《GOD》に創造された人類と、その他の非人類としての存在との対立構造が見られます。ゴジラが「シェー」をできるのは、人類と非人類の間に境界がないからです。八百万神《やおよろずのかみ》宿る精神基盤が日本にはあります。

GODZILLA 1998 においてゴジラは人類を襲撃する放射能を帯びた「害獣」というだけ——しかし知能は相当高く設定されていて、人類の次に核に耐えて繁殖する生物を予感させます。わたしたちのゴジラはわたしたちの中に融け込んでくるのに対し、エメリッヒ監督のゴジラは進化論的発想の上に立ち上がります——であって、その襲ってくる恐怖からいかに逃げるか、あるいはゴジラをいかに追うかが GODZILLA 1998 の見どころです。だからマンハッタンを走り回るゴジラとそれから逃げる主人公たち人間の姿、あるいはゴジラを追ってビルの間を駆けるヘリを見るのはスリリングで楽しめます。この作品の醍醐味はそのスピード感にあります。しかし、このスピードはゴジラらしくありません。

GODZILLA 1998 は、おそらくもっともリアルな設定がなされたゴジラだといっていいでしょう。舞台はほぼニューヨークに限られ、米軍の動きや人々——マスコミまた一般大衆——の動きも、自然な展開に見えるよう仕組まれています。またゴジラを核実験の影響による爬虫類の突然変異と位置づけ、化石研究の最新成果として復元された恐竜像を基《もと》に造型されてＣＧ《コンピューター・グラフィックス》で動かされた結果、二足歩行の巨大生物として高めの腰を力点に頭と尻尾で前後のバランスを取り、鳥の脚のような——鳥類は恐竜の直系子孫だそうです——動きで走りを見せる姿になりました。

対して日本伝統のゴジラは着ぐるみによる演技を前提とした造型——映画評論家の石上三登志が難《なん》じています（「ＳＦ映画の知的な冒険９」『映画評論』昭和四十三年1968四月号）——という特性から、腰の低い、人間型をしています。ドスコイ型といいますか、どこか力士を思わせるような——GODZILLA 1998冒頭のマグロ漁船の操舵室のテレビに相撲が映っているのは、それへの諧謔的なオマージュかもしれないと思ったりもします——重量感を持たせています。違和感の原因は、誰でも気づく通り、このゴジラの造型の特質の差違にあります。

伝え聞くところでは、エメリッヒ監督は、イギリスの映画雑誌のインタビューで、この作品を作るにあたってのモチベーションは低かった、あえて本来のイメージを崩し、生物的なゴジラ像を構築することで和製ゴジラ臭のない作品を構築したかったのだと答えているということです。しかし、場面のそここに見られるゴジラ1954・1984の場面をふまえたシーンやテーマの提示等に、米製《USA》の限界はあっても、的確に旧作が再現されており、明らかにゴジラ1954

のリメイク作品とすることができます。ゴジラ造型にしても、ゴジラ 1954 の製作時点での二足歩行する恐竜の一般的な復元想像図は直立像なのであって、GODZILLA 1998 同様、恐竜研究の成果が反映されています。したがってゴジラ造型の原則においても GODZILLA 1998 はゴジラ 1954 を踏襲していると言えます。

恐竜が腰高二足歩行恐竜の姿で復元され、それが一般に認知されたのは、一九九〇年代にはいってからで、とくに『ジュラシック・パーク』1993 公開の影響は大きく、各地で便乗恐竜展が行われ、恐竜館なども建設されて教育された結果です。好意的な深読みをして、『ジュラシック・パーク』的なゴジラ作品になったのは、一連のゴジラ作品に見られる話題作をとりこむ（例えば角川映画『REX―恐竜物語―』平成五年 1993 の趣向を組み込んだ『ゴジラ vs メカゴジラ』1993 に顕著です）傾向までリメイクされているのだと弁護しておきましょう。

しかし、その結果、出来たのは似て非なるゴジラになってしまいました。GODZILLA 1998 は、リメイク作品ではあっても、「ゴジラ映画」ではない。日本でのゴジラの文学史と全く無関係なところで、単独にエンターテインメントとしてゴジラを素材に作られた娯楽映画になってしまったのです。これはゴジラが単なる映画ではなく、日本と深く結びついた厚い文学史をも有する特異な作品群を構築してわたしたちの前に在《あ》るということです。

(3) 米魂和才

話を戻しましょう。

GODZILLA 2014 という作品の骨格は、典型的なアメリカ映画です。サンフランシスコに住む軍人の男が、日本にいる父――原子力技術者で原子炉のメルトダウンに立ち合い妻を失った――を迎えに出かけたのですが、怪獣の出現で帰れなくなり、対怪獣戦に巻き込まれ、軍を利用しながら、戦いつつ家族のもとに帰り着く、というシークエンス《話の流れ》。絶えず家族愛がささやかれて進んでいきます。妻をメルトダウンの事故から助けられなかったことで事件の真相解明に夢中になる父親――『日本沈没』（昭和四十九年 1974）の田所博士の面影があります。ただ、田所先生の愛が母国に向かうのに対して主人公の父親の愛は家庭に向かっています――への嫌悪が、真相が発覚するにつれて和解に向かうところとかも〈お約束〉――誰もが納得する予定調和的な要素やパターン――ですね。

このような作品の枠組みは典型的なアメリカ映画のものです。

その上に和製ゴジラ映画の世界がほぼ全面的に表現されています。特撮好きの庵野秀明監督作品『新世紀エヴァンゲリオン』（平成八年1996放映）まで組み込まれているようです（メルトダウンが十五年前の大きな衝撃《インパクト》として設定されているあたり）。冒頭の、主人公の父親の働く原子炉が、富士山を背景にして、その手前の都市の近くに奇妙なデザインの建築で登場します。のちに廃墟となるその都市の空中映像は東京港区の芝付近——ゴジラ1954で、ゴジラが上陸し廃墟とした街——の地形に似ていましたが、廃墟の様子が『エヴァンゲリオン』や『ＡＫＩＲＡ』（昭和六十三年1988、大友克洋原作・監督）の絵を思わせもします。のちに登場するムートーという新怪獣——この次元でこの作品はゴジラ1954ではなく、『ゴジラの逆襲』1955の系列（怪獣バトル物）にあると位置づけられます——のフォルムもどこかシト（『エヴァンゲリオン』に登場する「敵」）を思わせます。

ついでにいえば、夫婦怪獣——日活の特撮映画『ガッパ』昭和四十二年1967に夫婦怪獣ガッパが出てきますが、『ガッパ』の方がはるかに人情映画となっています——のムートーは、ギャオス風でありレギオン的（どちらも大映『ガメラ』シリーズに登場する怪獣たち）でした。色彩的にはゴジラ２０００《ミレニアム》のオルガめいてもいます。

前半は、放射能を食う怪獣《ムートー》——電磁波で電気等のエネルギーを無効化します。攻撃戦闘機が電磁波でエネルギーポテンシャルを失って失速し地上にふりそそぐ映像はなかなかの見ものです——を中心に事件が展開します。家族のもとに帰りたい主人公はその中でいろいろな試練を乗り越えるべく戦います。

日本でムートーの出現に遭遇した主人公は軍属だったので、現地にむかう軍隊に流れ込んで帰ることにします。軍隊は、卵を産みたい雌怪獣と雄怪獣の猛威に対して、核での攻撃を考えますが、それに対して自然による回復力としてゴジラを持ち出すのが芹沢猪四郎博士——ネーミングにゴジラ1954（登場する科学者、芹澤博士。監督、本多猪四郎）へのオマージュが露骨です——です。

怪獣たちを餌（核弾頭）で操ろうとする軍人たち。そこに主人公（爆発物処理担当軍人）がからむわけなのですが、放射能大好きムートー夫婦に対して襲いかかるのがゴジラです。その造型は日本型（人間型）《ドスコイ体型》の腰の低い生物となっています。

さっそうと現れるゴジラですが、けっこう苦戦しています。一度、辺境付近で（今回はハワイ）対戦して別れ、ふたたび有名都市（今回はサンフランシスコ）を盛大に破壊しながらの決戦になる、と。これ——二度の対決——もゴジラ映画の〈お約束〉です。決戦で二頭のムートーの方が攻撃力があって、ゴジラは苦戦します。痛そう。これも、典型的な和製ゴジラの絵面《えづら》です。例えば『地球攻撃命令　ゴジラ対ガイガン』（昭和四十七年1972）とか『ゴジラ対メガロ』

（昭和四十八年 1973）とか昭和シリーズ後半のゴジラの痛めつけられ方など、傷ましいものがあります。さらに平成ゴジラシリーズ後半、とくに『ゴジラ vs スペースゴジラ』（平成六年 1994）以降は、人類がひたすらゴジラを傷めつける物語となっています。子怪獣を捕虜にし、脳を破壊し、ドリルを打ち込み……。

ともあれ、この GODZILLA 2014 は、総体的にあらゆるカットに典拠がありそうな絵面で展開しています。

さて、その間、主人公は自宅——あたりは戦場となってます——に帰ろうとして、軍の作戦にかかわって餌となる核弾頭を運んだりしているわけですが、そこにムートーの卵があるのに気付き、燃やしてしまいます。それ（子どもが殺されたこと）を知ったムートー〈♀〉が絶叫して産卵地に向かいます。「子を失う」怪獣と「母を失った」主人公（人間）の対比——結果的に報復（主人公の母の死の原因となった事故はムートーが関与しています）になっています——が見られますが、ここに〈人類／非人類〉という構図とは異なる論理、〈親子の情〉が出てきます。

ムートーの卵を媒体とする〈親子の情〉の描出は、GODZILLA 1998 を継承しています。GODZILLA 1998 のゴジラは、卵を産むためにニューヨークにあらわれ、マジソン・スクウェア・ガーデンの地下に産み落としたあと、子どもたちのために餌——鮪《まぐろ》です。冒頭のマグロ漁船を襲った理由づけになっているのですが、第五福竜丸事件（後述）を意識しているのかもしれません――を集めています。生まれた子たちが爆撃で滅ぼされたのを見てはげしく怒り暴れます。

さて、苦戦するゴジラと怒り心頭のムートーですが、ゴジラはついに必殺技――口から熱線（色はブルー）――を出して、まず雄を退治します。戦い疲れたゴジラが主人公の前に倒れてきます。もの言いたげな表情で主人公にウインクします。この愛嬌は和製ゴジラでは出せない味です。ウインク自体、わたしたちの国の文化風習ではなじみのあるしぐさではありません。

一方、雌は核弾頭を求めて――ひょっとすると子どもを殺した主人公を追って――主人公のいる核弾頭を載せた船に迫ります。あわやというとき、ゴジラが助けに来ます。そして、雄を失った雌ムートーにキス、とみせかけて熱線を口腔内に注ぎ込みます。雌、爆死。でもゴジラも力尽きて再び倒れます。

あとはお約束通り主人公の家族の再会のシーン。

でも、これで終わりません。さらに〈お約束〉が重なります。

倒れて死んだかと思わせたゴジラの目が開き、おもむろに立ち上がり、続いて一声咆哮。そして海に帰ってゆきます。『ゴジラ vs ビオランテ』（平成元年 1989）の幕切れが強く想起されま

【ゴジラ聖地巡礼】（成城編―1）
ゴジラが撮影された東宝スタジオ（東宝砧撮影所）

小田急線、祖師ヶ谷大蔵駅下車徒歩20分。ここは駅前広場にウルトラマンの像があり、駅を中心とした商店街は「ウルトラマン商店街」という。駅と反対側の商店街の入口のアーチにはウルトラマンやゾフィーの空を飛ぶ像が見られ街灯もウルトラマンやバルタン星人をかたどっていて面白い。

駅から広場とは逆方向に商店街を抜け、「帰ってきたウルトラマン」像のあるアーチを抜けて住宅街にはいると、下り坂になる。右手に東宝スタジオの敷地があり、住宅の間から大きな建物が見えだす。この坂道途中にかつて『ウルトラマン』等を製作した円谷プロダクションがあった（現在は集合住宅になっている。いまのところ跡地の碑等は見られない）。坂道を下り、右折して川（仙川）を渡った先が東宝スタジオである。建物の壁画に大きくゴジラが描かれている。

【ゴジラ聖地巡礼】（成城編―2）

スタジオの入口にはゴジラ像が建てられている。TM&©TOHO CO., LTD.

す。

さて、エンドタイトル。流れる音楽は伊福部節《ぶし》ではありません。でも、伊福部を意識した——部分的に大島ミチル（『ゴジラ×メカゴジラ』2002の音楽を担当）的なサウンドもありましたが——曲想、オーケストレーション、変拍子などがちりばめられて——特に『リトミカ・オスティナータ』的な箇所が印象に残りました——います。最後にわずかばかり高弦で「ドシラドシラ」のモチーフが聞こえました。

以上、ざっとですが、新作GODZILLA 2014の観たまま印象記です。アメリカ映画の枠組みに和製ゴジラの諸要素を流し込んだ作品だと思います。

例えていうなら、バーボングラスに日本酒を注いで飲むような感じ。あるいは「米魂和才」といえばいいでしょうか。

純粋に娯楽映画として見ればいいものを、なんだかあれこれ考えてますが、考えさせられるほど面白かった久しぶりのゴジラ映画でした。

ゴジラ傳

——ゴジラ 1954 註釈

巻の一、怪獣ゴジラのクロニクル

本多猪四郎（明治四十四年 1911～平成五年 1993）監督、円谷英二（明治三十四年 1901～昭和四十五年 1970）特殊技術、伊福部昭（大正三年 1914～平成十八年 2006）音楽による東宝映画『ゴジラ』は、田中友幸（明治四十三年 1910～平成九年 1997）を製作者《プロデューサー》として昭和二十九年 1954 に公開されました。観客動員数約九百万人と好評だったので、すぐに続編『ゴジラの逆襲』（昭和三十年 1955 公開）が小田基義監督、佐藤勝音楽で作られました。七年後、『キングコング対ゴジラ』（昭和三十七年 1962 公開）で総天然色となり、以降続々と「ゴジラ映画」が公開されますが、それらは大きく三つのグループに分けられます。すなわち、

【昭和ゴジラシリーズ】——十三（十五）作品（一般的には『ゴジラ』・『ゴジラの逆襲』も含みます）

『キングコング対ゴジラ』（昭和三十七年 1962）

『モスラ対ゴジラ』（昭和三十九年 1964）
『三大怪獣　地球最大の決戦』（昭和三十九年 1964）
『怪獣大戦争』（昭和四十年 1965）
『ゴジラ・エビラ・モスラ　南海の大決闘』（昭和四十一年 1966）
『怪獣島の決戦　ゴジラの息子』（昭和四十二年 1967）
『怪獣総進撃』（昭和四十三年 1968）
『ゴジラ・ミニラ・ガバラ　オール怪獣大進撃』（昭和四十四年 1969）
『ゴジラ対ヘドラ』（昭和四十六年 1971）
『地球攻撃命令　ゴジラ対ガイガン』（昭和四十七年 1972）
『ゴジラ対メガロ』（昭和四十八年 1973）
『ゴジラ対メカゴジラ』（昭和四十九年 1974）
『メカゴジラの逆襲』（昭和五十年 1975）

【平成ゴジラシリーズ】——七作品

『ゴジラ』（昭和五十九年 1984）
『ゴジラ vs ビオランテ』（平成元年 1989）

『ゴジラ vs キングギドラ』（平成三年 1991）
『ゴジラ vs モスラ』（平成四年 1992）
『ゴジラ vs メカゴジラ』（平成五年 1993）
『ゴジラ vs スペースゴジラ』（平成六年 1994）
『ゴジラ vs デストロイア』（平成七年 1995）
【ミレニアムシリーズ】——六作品
『ゴジラ２０００《ミレニアム》』（平成十一年 1999）
『ゴジラ×メガギラス　Ｇ消滅作戦』（平成十二年 2000）
『ゴジラ・モスラ・キングギドラ　大怪獣総攻撃』（平成十三年 2001）
『ゴジラ×メカゴジラ』（平成十四年 2002）
『ゴジラ×モスラ×メカゴジラ　東京ＳＯＳ』（平成十五年 2003）
『ゴジラ　FINAL WARS』（平成十六年 2004）

の三期二十六作品（ゴジラ 1954・ゴジラの逆襲 1955 を含めると二十八作品）を数え、他に初作がアメリカに買い取られ補作された『Godzilla, the King of Monster』（邦題『怪獣王ゴジラ』昭和三十一年 1956）、アメリカで製作された『GODZILLA』（平成十年 1998）、同じく『GODZILLA』

（平成二十六年 2014）の三本があります（その他の海外上演版は省きます）。さらに特撮ＴＶドラマ『流星人間ゾーン』（昭和四十八年 1973、日本テレビ）にもヒーローを助ける正義の怪獣として非常勤出演しています。また『ゴジラ・アイランド』（平成九年 1997、テレビ東京）という、映画のシーンをカットして再編集、さらにはソフビ人形を用いたオリジナル・ストーリーに発展した不思議な番組もあります。この番組ではゴジラ 1954 のタイトル音楽（作曲、伊福部昭）に歌詞が付けられて歌われています（作詞・歌、ＴＨＥ ＥＤＧＥ。編曲、平岩嘉信）。

なお、右の作品群のうち、昭和シリーズの何篇かの作品は再編集されてタイトルも変えられて再公開されていますが、それについては207頁からの「作品一覧」で示しました。

作品群を一瞥して、概括的に昭和シリーズが高度成長期の経済的繁栄を（石油危機を境として『ゴジラ対ヘドラ』1971 以降の作風が変わります）、平成シリーズがバブル景気を背景としていることが窺われ、ミレニアムシリーズも小泉構造改革期の、景気回復期待時期に当たります。ですからアベノミクスが期待される中に GODZILLA 2014 が公開されたのは興味深い点です。

平成シリーズとミレニアムシリーズはそれぞれ初作に『ゴジラ』とのみ題する作品を置いています――『ゴジラ vs ビオランテ』1989 はゴジラ 1984 の続編で、以下連作として構想されています――が、どちらも設定上、昭和シリーズを超えて第一作の『ゴジラ』の次に位置づけられるよう作られています（従ってゴジラ 1954 を昭和シリーズからはずしました）。とりわけミレニアムシリーズはそれぞれの作品が独自の世界観を設定して製作されて、原則としてシリーズ作品間の時系列的関係は構築していません（メカゴジラの登場する二作品は続編となっており、また最終作品は全シリーズを総括する性格が与えられています）。

昭和シリーズはゴジラのほかにアンギラスという怪獣を出して戦わせた『ゴジラの逆襲』1955 によって〈怪獣の対決〉という〈趣向〉を得て、娯楽作品としての連続性を持つことになりました（この〈趣向〉の始発という点からこの作品も昭和シリーズからはずしました）。他の単独怪獣映画——『空の大怪獣ラドン』（昭和三十一年 1956）や『モスラ』（昭和三十六年 1961）、『フランケンシュタイン対地底怪獣』（昭和四十年 1965）など——とも曖昧な連続性が構成されていますが、それぞれ別個の作品としての性格も強く、体系化はできなくとも総体化が可能な作品群となっています。このシリーズ構成に見える現象は、いわば「ゴジラ」という「世界」に「怪獣の対決」という「趣向」を立てて、他作品で好評を得た要素——例えば「メーサー車」（『フランケンシュタインの怪獣　サンダ対ガイラ』昭和四十一年 1966 に登場した対怪獣用光学兵器）など——で共有される世界が並立するという興味深い現象です。このような興行作品としてのあり方は、浄瑠璃・歌舞伎のような伝統的芸能の興行作品に通じるものがあります。歌舞伎で

「曽我物」とか「忠臣蔵物」とかいってカテゴライズするのと同様に「ゴジラ物」というカテゴリを認めていいでしょう。つまり「ゴジラ」という作品（群）は、興行的娯楽作品としての性格をまず認めるところから評価を始めなくてはなりません。とくに昭和シリーズに歌舞伎興行的性格が顕著で、季節になると映画館で上映され、新作がないときは旧作を再編集してタイトル――歌舞伎でいうところの外題《げだい》――を変えて、他の人気作品と合わせて上映される形態は歌舞伎興行と同じです。

その上で「ゴジラ物」のすべての物語の始発に位置づけられる第一作《ゴジラ1954》を評価するならば、それは再生産・二次創作を誘発させる何かを持った「古典」作品なのだということができると思います。「古典」というのは〈高い評価を得て、皆から愛されながら伝えられる作品〉という意味でとらえて下さい。愛されるから、再生産、二次創作が行われるのです。

でも、今でこそゴジラ1954は高い評価を得た作品となっていますが、公開日昭和二十九年1954十一月三日の朝日新聞と読売新聞の夕刊に掲載された映画評は次のようなものでした。全文を紹介します。

企画だけの面白さ――『ゴジラ』（東宝）〈朝日新聞夕刊〉

新映画　水爆実験によって海底にひそんでいたゴジラという怪獣が、東京を攻撃して来た――

という空想映画。アメリカでは「放射能X」などが作られたが、日本のは科学映画的なものに乏しい。かといって、空想的なおもしろさもない。

とくに、ゴジラという怪獣が余り活躍せず、「性格」といったものがないのがおもしろさを弱めた。「キングコング」の時代と比べても、なんとかなりそうなものであったし、「放射能X」のアリのような強烈さに及ぶべくもない。

ただ、企画だけのおもしろさはあり、一般受けはするだろう。宝田明と河内桃子の二人の青年と娘の恋愛が、なにか本筋から浮いているが、これは構成上の失敗だった。

見物は特殊撮影だけ——怪獣映画「ゴジラ」＝東宝〈読売新聞夕刊〉

スクリーン　一昔前の「キング・コング」なみの怪獣映画で、一応「放射能X」同様に話の裏づけを科学的にもってゆくため水爆実験がからむ。

南太平洋の海底深く今なお生息していると伝えられる二百万年前の怪獣が、水爆実験でその住いを破壊されて登場、東京の中心地を襲うという話である。ネライは怪獣の大あばれで、身のたけ五十メートルという巨大なゴジラが、恐るべき怪力と、身につけた放射能のエネルギーで、銀座を焼きはらい、議事堂をこわし、テレビ塔をひとたたきで倒すシーンが見せ場である。

特殊撮影の技術はまず合格点。アメリカ映画の技術とさしておとらぬ出来である。戦後日本映画の特殊撮影の技術がここまで復活、発達した努力はたたえたい。

欠点の第一は、ゴジラに性格がないことである。キング・コングには何かしらその動きに愛嬌があり、一方またどれだけ大あばれをしようとも、キング・コングそのものの悲劇がにじみでていた。悪意のある大あばれでなく、何も知らずに環境のちがう世界でとまどっている結果の破壊として、むしろ同情さえもてた。しかしゴジラはぜんぜん無愛嬌。ゴジラ自身に水爆実験のため平和な住いを追われた悲劇味が何一つ出ていない。

映画は、ゴジラ対策の人間側でいろいろと芝居をもりこむが、この処理がまったく拙い。荒唐無けいなものにせず、科学的な面もみせようという手段も実に不手際。特殊撮影だけがミソの珍品である。（錦）

どちらの評も批判の視点をゴジラに置き、そのドラマとして①「科学映画的なものに乏しい」②「ゴジラに〈性格〉といったものがない」③「青年と娘の恋愛が本筋から浮いている」ことを難じています。現在ではゴジラ1954は「科学的映画」ではなく「社会的映画」として評価するのが一般的でしょうから、①については無視していいでしょう。しかし②と③の点については、映画そのものとかかわる問題で、今なお再検討する必要がある問題だと思います。

そこで作品と向かい合って、細かく場面ごとに注意していくことにします。

ゴジラ 1954 は、内容・展開上で三部に分けられます。今、市販のブルーレイ・ディスク盤のゴジラ 1954 をテキストとしてそのチャプター番号（以下、＃〔番号〕で表します）と名称で話をすすめます。なお旧販のＤＶＤ盤でのチャプター名もブルーレイ盤と変わりません。

〔提示部〕冒頭から大戸島でのゴジラ出現まで（「海洋の謎」と呼んでおきます）

＃1タイトル（0:00〜）・＃2洋上の怪光（0:02〜）・＃3尾形と恵美子（0:03〜）・＃4大戸島（0:08〜）・＃5島の言い伝え（0:11〜）・＃6嵐の夜（0:12〜）・＃7しきね出航（0:16〜）・＃8ゴジラ出現（0:20〜）〈前半〉

〔展開部〕ゴジラ対策から首都壊滅まで（「ゴジラの荒れ《アレ》」と呼んでおきます）

＃8ゴジラ出現（0:23〜）〈後半〉＃9爆雷攻撃（0:29〜）・＃10東京湾の恐怖（0:31〜）・＃11芹澤の秘密（0:38〜）・＃12ゴジラ上陸（0:44〜）・＃13ゴジラ対策（0:49〜）・＃14山根の苦悩（0:51〜）・＃15ゴジラ再び上陸（0:53〜）・＃16特車対ゴジラ（0:58〜）・＃17銀座襲撃（1:01〜）・

＃18ゴジラ隅田川へ（1:06〜）

〔終結部〕首都の惨状から最後まで（「平和への祈り」と呼んでおきます）

＃19東京の惨状（1:09〜）・＃20芹澤との約束（1:10〜）・＃21芹澤の決意（1:17〜）・＃22乙女たちの歌声（1:21〜）・＃23重大な瞬間（1:24〜）・＃24水中酸素破壊剤（1:28〜1:36）

右の三段落に分けて、各場面について註釈《コメント》してゆくことにします。

巻の二、海洋の謎 —— 提示部

この部分ではゴジラはまだ姿を見せません。謎と不気味さを周囲から盛り上げ、またその正体を科学的に明らめてゆく場面です。また人間関係の説明も行われています。

#1 タイトル

最初に「賛助　海上保安庁」のテロップが無音で表示されます。

海上保安庁は、領海警備・海難救助・海洋調査など領海の治安の確保や海上環境の保全を任務とする組織で昭和二十三年 1948 に設置されました。昭和二十六年 1951 のサンフランシスコ条約でわたしたちの国が合衆国の占領から解放され、また昭和二十五年 1950 の朝鮮戦争——社会主義勢力と自由主義勢力との代理戦争としての側面が強い——勃発をうけて日本国による日本国防衛のために昭和二十七年 1952 に保安庁から一部の部署が独立して、昭和二十九年

1954には海上自衛隊となります。

「賛助」というのは、ゴジラ1954の撮影においては実際に海上保安庁の艦船が撮影に臨んでいますし、役者やスタッフをロケ地まで搬送したとも伝えます。最後の場面の号令は実際に艦船の乗組員《クルー》（井上武雄、こうず乗組員）によるものです。それらの関係を包み込んで巻頭に「賛助」としたのでしょう。

次に東宝の社章《ロゴタイプ》が出て、「ドーン」というゴジラの足音とともに「ゴジラ」と書かれたタイトル（横書き）がスクロールされ、さらに鳴き声が加わり、クレジットが黒画面を背景に流れだします。この「足音」と「鳴き声」に関しては、音楽を担当した伊福部昭が楽譜に指示しており（「足音」では全音符にデクレッシェンドが指示され、「鳴き声」は図形を用いた楽譜となっています）、効果音の域を脱しています。音声を作製したのは音響効果担当の三縄一郎。その製作についてのインタビュー記事が公開されています（『初代ゴジラ研究読本』所収）。それによると、ゴジラの足音は大砲の発射音の頭《たちあがり》にエコーをかけたもの。鳴き声はコントラバスによるものだそうです。作曲者の伊福部昭はかつて出ていたゴジラのサウンドトラック盤（LPレコード）の解説でインタビューに答え、コントラバスの弦を外して松脂を付けた手袋で擦ったと説明していましたが、三縄によると、弦を緩めて弓で弾いて加工したといいます。平成二十六年

2014 七月六日午後十一時からＮＨＫＢＳプレミアムで放送された『音で怪獣を描いた男――ゴジラ vs 伊福部昭――』の中で三縄自身により、その通りに音作りが再現されていました。

さて、「足音」「鳴き声」の流れる中、「ゴジラ」に続いて「製作　田中友幸／原作　香山滋／脚本　村田武雄・本多猪四郎／撮影　玉井正夫／美術監督　北猛夫／美術　中古智／録音　下永尚／照明　岩井長四郎」とタイトルロールが続いて「音楽　伊福部昭」が中央に位置すると同時に現在「ゴジラのテーマ」と呼ばれて有名な「メインタイトル」（曲名はサウンドトラック盤――ＣＤ盤、東芝ＥＭＩ『ゴジラ大全集１　ゴジラ』TYCY-5345、平成四年 1993――に依ります。）が流れ出します。演奏は伊福部指揮によるこの映画用に編成した楽団による演奏だといいます。主体はおそらく東京交響楽団――昭和二十六年 1951 に東宝交響楽団から東京交響楽団に改名していますーーのメンバーではないかと想像しますが、確認はとれていません。なお伊福部昭の要請でＮＨＫ交響楽団――この年常任指揮者がクルト・ヴェスからニクラウス・エッシュバッハーに変わっています。ゴジラ公開に先立つ四月（黒澤明『七人の侍』が公開される直前）には指揮者ヘルベルト・フォン・カラヤンが客演してもいます――のコンサート・マスター黒柳守綱（女優、黒柳徹子の父）が招かれて演奏に参加したといいます。

「メインタイトル」ですが、バイオリンという楽器は高音の美しさが魅力なのですが、それをＧ線《ゲーセン》という最も低い弦（そのまま弾くと低いソの音が出ます）のファーストポジション（弦を押さえる位置が最も低い場所——糸巻きに近い位置——のことです）で「ドシラ・ドシラ・ドシラソラシドシラ」という変拍子の主題を弾いています。ビオラの高音と重なるのですが、高く張りつめた音ではなくて、開放的な地響きに近い音であることが独特の魅力を引き出しています。この主題が呈示されて、ほぼ同じ音型が反復され、一旦別の音型による休憩を経てまたくりかえされます。ちなみにこの主題はゴジラ**1954**が初見ではなく、すでに別の作品（東宝映画『社長と女店員』昭和二十三年**1948**）でも使用されていますし、伊福部の『提琴協奏曲第一番（ヴァイオリンと管弦楽のための協奏風狂詩曲）』（昭和二十三年**1948**作曲、二十六年**1951**と四十六年**1971**に改訂）でも聞かれるものです。「伊福部節《ぶし》」とも呼ばれるこの音楽家の曲は、全作品に亘っていくつかの固定された旋律が、さまざまな音響《オーケストレーション》で登場するのが特徴であり魅力であり、また批判される点でもあります。伊福部の音楽は、少し哀愁を帯びた旋律の美しさも格別ですが、たくさんの作品を聞いて、同じ旋律がいろんな曲でいろんな音《サウンド》で出てくるその違いを味わうのが楽しみ方だと思います。

「メインタイトル」に乗ってオープニング・クレジットは「特殊技術　圓谷《つぶらや》英二」以下特撮スタッフ、出演者の名前が連なり、最後に「監督　本多猪四郎」の名前が出て止まります。本多監督は黒澤明『七人の侍』1954の助監督も務めるなど、黒澤作品と近い監督ですが、撮影の玉井正夫や美術の中古智、照明の石井長四郎などは成瀬巳喜男監督の作品を手がけた面々です。黒澤明（明治四十三年1910〜平成十年1998）も成瀬巳喜男（明治三十八年1905〜昭和四十四年1969）も多くの作品を東宝から世に送り出した監督で松竹の小津安二郎（明治三十六年1903〜昭和三十八年1963）や日活・大映の溝口健二（明治三十一年1898〜昭和三十一年1956）と並んで現在でも高い評価を受けています。とくに黒澤監督は『スターウォーズ』（昭和五十二年1977）を製作したジョージ・ルーカス監督の尊敬する人物としても知られています。スタッフロールを見ていると、ゴジラ1954が職人芸の集合体《オールスター・スタッフ》であることが実感されます。

#2 洋上の怪光

「メインタイトル」がフェードアウトすると、哀愁を帯びたハーモニカの旋律が流れて南海貨物所属の貨物船「第三栄光丸」がゴジラに襲われ遭難する場面になります。ここでは、甲板上で船員たちが歌やゲームに興じるところに怪光と「足音」によって襲撃が表現されます。洋上の発光と沈没シーンとで特撮が主となる場面で、洋上の発光場面が謎——観客はこれがゴジラによるものと予想できますが、本体は見えません——を呼び、甲板上を光と波が襲う場面が特殊技術撮影（いわゆる「特撮」）で呈示されます。

白い霧状のものに包まれて船舶を波が襲い、遭難信号《SOS》を打電する通信室の窓からも波が入って通信士（藤木悠。後に『キングコング対ゴジラ』1962 などで主人公の相棒として活躍しています）らが流されます。ここの遭難信号はモールス符号という電気無線で「・・・───・・・」と打ちます。これを陸上で受信し海上保安庁は第三栄光丸の遭難を受け止めます。栄光丸沈没の様子は渦をまくような弦のサウンドではじまり、後に管も加わって効果を出しています。

#3 尾形と恵美子

場面は一転、電話が鳴っています。まだ携帯電話はおろか、プッシュ式の電話もない時代で、ダイヤル式です。ダイヤル式というのは0から9までの番号を付け指通しの穴をあけた円盤を回し、元の位置に戻る時間差によって電気信号の長さに置き換えて通信する電話機の形式です。ここで使用されている電話機の型ははっきりしませんが、形状から見て昭和二十七年 1952 から提供が開始された4号電話機だと思われます。

なお電信サービスの最初は明治元年 1868 の東京横浜間ですが、明治二十三年 1890 に逓信《ていしん》省の管轄で電話交換サービスの運営が始まりました。昭和十八年 1943 には運輸通信省（逓信省と鉄道省が統合）属下の通信院、昭和二十年 1945 に逓信院（翌年より逓信省）の管轄と移りますが、昭和二十七年 1952 に日本電信電話公社（後に民営化されて現在のＮＴＴに至ります）が設立され普及が始まります。この時代、まだ一般家庭への電話普及率は高くありません。ここは会社ですので、電話回線を設置しているのでしょう。電話を引くには電話加入権を取得して機械を借りて設置していた時代です。

電話機の受話器が取られ、本作品内で初めての台詞が発せられます。ここからは物語の進行役ともいえる男女の登場シーンで、南海汽船の「サルベージ所長」（予告編テロップによる）の尾形（宝田明）、後に身分が明らかになりますが恵美子（河内桃子）と呼ばれる女性とが恋人同士——男が下着シャツ姿（おそらく仕事上がりでしょう。腕に汗が光っています）で女性の前に姿を見せるところに、ある程度の仲の進展具合が窺えます——であり、おそらく「自由恋愛」の関係にあることが示されます。

「自由恋愛」ということばは、明治時代末ごろから否定的な意味で用いられてきた言葉ですが、このようなことばが存在することに、恋愛が自由でなかったことがわかります。家の決めた縁談に基づくおつきあいと婚約、結婚という形が厳然とあって、家から解き放たれた恋愛は秘するものであった。だから「不義」「密通」であった——昭和二十二年 1947 まで「姦通罪」

（夫以外の男性と関係をもった女性を罰する罪）がありました——のが、〈自由の時代〉になった太平洋戦争後には直接的に否定要素をもたない「自由恋愛」ということばが生き残って顰蹙《ひんしゅく》されながらも肯定的な意味で用いられだしました。つまり社会的に認められたのです。だから尾形と恵美子の姿は、時代の最先端の姿であり、新しいこれからの日本の男女の姿でもあると見ることができるでしょう。

さて、二人は「ブダペスト絃楽四重奏団」の演奏会でのデートの予定でしたが、電話で第三栄光丸の遭難が知らされキャンセルとなります。ブダペスト弦楽（絃楽）四重奏団は、指揮者にして作曲家、グスタフ・マーラー（万延元年 1860〜明治四十四年 1911。森鷗外より二つ年上）が育てたブダペスト歌劇場（ハンガリー国立歌劇場）の管弦楽団のメンバーによって大正二年 1917 に編成され、昭和十三年 1938 に活動の本拠地をアメリカに移し、アメリカ合衆国議会図書館付きの弦楽四重奏団などもつとめ、来日演奏した昭和二十九年当時はヨーゼフ・ロイスマン（第一ヴァイオリン）、ジャック・ゴロデツキー（第二ヴァイオリン）、ボリス・クロイト（ヴィオラ）、ミッシャ・シュナイダー（チェロ）の四人のロシア人奏者で編成されていた楽団です。

仕事に呼び出された尾形が恵美子に「まだ間に合うから君だけでも」と云《い》って送り出す——ドア脇に貼ってあるカレンダーについて後に触れます——ところを見ると、恵美子の好みであるらしく、ヒロインが洋楽に親しむそれなりのステータス（社会的地位）のある家柄であることが窺えます。この時期は太平洋戦争の反省をふまえ、文化国家として歩みだそうとしていた戦後日本が、文化政策上クラシック音楽を重視していた頃です。先述したカラヤンの来日もその流れの上にあって、そうした世相を踏まえてのデートという設定なのでしょう。

尾形と恵美子の関係が呈示された後は、尾形を中心に南海汽船、海上保安庁、報道による物語展開です。

海上保安庁によると第三栄光丸が遭難したのは「八月十三日十九時五分、北緯二十四度、東経百四十一度二分付近」で、太平洋戦争最大の激戦地——日米両軍それぞれ戦死傷者二万人を超えています——であった硫黄島（東京都小笠原村）が北緯二十四度四十五分、東経百四十一度十七分にありますので、その近海ということになります。遭難信号をうけて海上保安庁は第三管区（関東地方から東海地方の沿岸沖合を管轄）と第四管区（知多半島から伊勢・志摩の沿岸沖合を管轄）の巡視船を派遣します。

海上保安庁に押し掛ける第三栄光丸の乗組員の家族と一緒に尾形と本社の社長（小川虎之助。新国劇出身俳優です）が部屋にはいってきます。社長が原因を聞くと保安庁の職員（今泉廉）が、

「まるで明神礁の爆発にそっくりです」

と答えます。

明神礁というのは北緯三十一度五十五分東経百四十度一分に位置する海底火山です。昭和二十七年1952に大きな噴火がありました。当時付近航行中だったはずの海上保安庁の測量船「第五海洋丸」が突然消息を絶ちます。明神礁の爆発にまきこまれたものと思われますが、いまだ確認はとれていません。

救援に向かった同じ南海汽船所属の備後丸が発光に包まれて爆発沈没する場面があり、新聞記者たちが本社に電話で報告をする場面や乗組員家族への対応などを見せたあとに、大戸島の漁船に漂流者が助けられる場面となります。

「何があった」

と尋ねているのは、後にも登場する漁師、政治《まさじ》（山本簾。ちなみにこの俳優は『ウルトラマン』第11話で怪獣ギャンゴを操った鬼田さんを演じています）です。

救出された漂流者は、

「どうもこうもねえ、いきなり海が爆発したんだ」

と答えます。

ふたたび海上保安庁に場面は戻り、あわただしい中、この大戸島の漁船も謎の沈没をしたと連絡が入ります。

以上をまとめて、

「浮遊機雷か？」

「海底火山脈の噴火か？」

「原因不明の沈没事件続出」

と新聞の紙面の見出しが映されて場面は先に進みます。浮遊機雷というのは、海に浮かぶ機械式時限爆弾のことで「機械水雷」を略して「機雷」といいます。朝鮮戦争で用いられた機雷が流されて津軽海峡まで漂ってきたのが発見され、昭和二十六年 1951 から二年間、青函連絡船が夜間運航停止に追い込まれた――事故はおこりませんでした――という事件もあったそうです。新聞の見出しに「浮遊機雷」が登場するのはそのような事件を踏まえてのことでしょう。

なお、この新聞記事ですが、見出しの部分だけを印刷して新聞紙の上に貼って作ったものであるのが背後の記事の様子からわかります。「原因不明の」の見出しの下の記事の一つは「エロ本」（という字が見出しの左側に見えます）についての世論調査報告のようです。小さな字で、一瞬のうちに消えるので気づきませんが、小道具さんのお遊びがあるのかもしれません。ブラウン管画面、ＶＨＳ版、またＤＶＤ版だと判読しにくいのですが液晶画面、ブルーレイ版で一時停止すると読めます。使用した新聞は不明で、どうやら朝日新聞や読売新聞ではなさそうです。

#4 大戸島～#7 しきね出航

舞台は大戸島に移ります。

大戸島の場面は、まさにゴジラの存在を呈示する場面であり、右の場面とは対比的に展開されます。まず、政治《まさじ》たち生存者（山本簾・吉田新）が漂着し、つづく不漁の場面で村の「爺《じ》さま」（高堂國典）によって大戸島——ロケ地は三重県鳥羽市石鏡《いじか》町及び相河町——の伝説を出し、「ゴジラ」の名前が紹介されます。ここでは不漁という現象をきっかけに民間伝承を導きだして村落の伝統的姿を描いていますが、その伝統的な日本の村の光景を壊すようにヘリコプターが飛んできます。「ゴジラ」という伝説上の名称が話題となった直後にヘリコプター——昭和二十七年**1952**に「日本ヘリコプター輸送」社が設立されていますが、ゴジラ製作時点では、まだ実用化されて十年に満たない最新の文明機具でした——が登場する演出には、古代と現代との対比を見ることができます。

この一連の流れでは、東京から派遣されてきた新聞記者の萩原（堺左千夫）——海上保安庁の場面で姿をみせています——が、伝承世界に生きる〈村の人々〉と現代文明世界の〈東京〉とを連絡《リンク》させる位置にいます。

もう少し細かく見ると、大戸島において爺さまと村娘（河合玉江）との世代間ギャップがあり、それをカッコでくくって大戸島と東京とがギャップをもって対置されていて、東京（＝文明）を代表して大戸島にやってきたのが萩原記者という図式になります。言い換えれば、村娘の台詞「いまどきそんなもんがいるもんかよう」のように東京の文明度は大戸島にも及んでいた、でも元気を回復した政治と萩原記者との会話——政治の話を萩原記者は信用できない——が、その都鄙《とひ》の間にあって、村娘と同世代の政治が爺さまの語る古代伝承の次元——未開（文明の対極）——にひきもどされているようです。

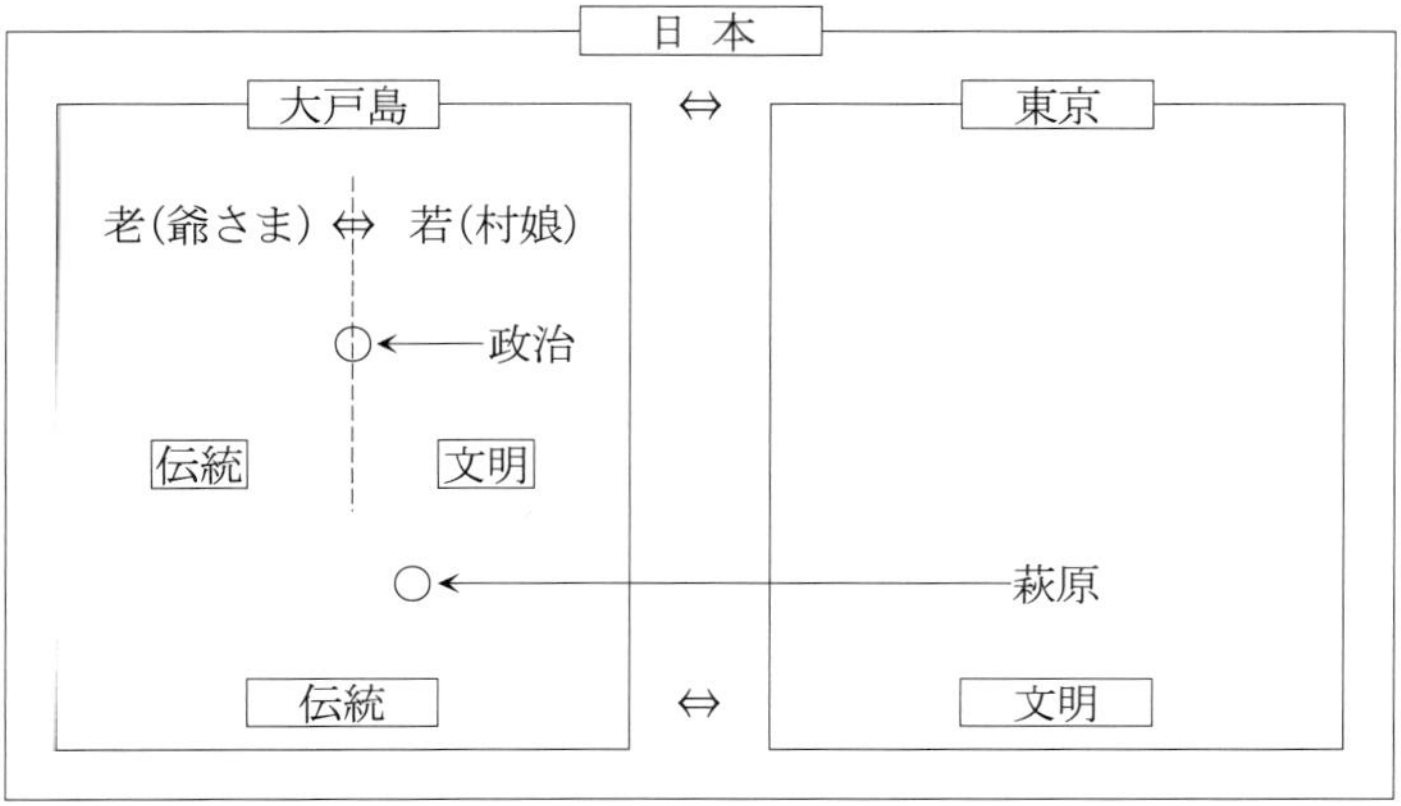

さて、「不漁」をうけて豊漁祈願奉納の舞の場面となります。この場面ではロケ地に鎮座する賀多神社——郷社。『志陽略志』では「八皇子社」に比定され天之忍穂耳尊《あめのおしほみみのみこと》以下『古事記』の「うけひ神話」で誕生した八神を祭神としています——の祭礼で奉納される「能楽」——地域に流行していた悪疫を払うために元禄四年に奉納されて以来の伝統を持つ芸能です——の場面が置かれていますが、音楽は伊福部昭が洋楽器を用いた神楽風の音楽——笙《しょう》の音は弦楽のハーモニックスで表され、竜笛《りゅうてき》（横笛）の音はピッコロ、篳篥《しちりき》の音はオーボエで表されています——となっています。

神楽の場面を経て、嵐の夜となり、特撮の見せ場となります。

祭礼の終盤から風が吹き出し、ヘリコプターを揺らす説明的な場面——嵐の到来を表現——を経由して、祭りの夜、遭難の生存者である政治《まさじ》の家が舞台となり、巨大な揺れ——しかし嵐に起因する揺れとは違うもの——に襲われます。生存者の弟である新吉（鈴木豊明）が外に飛び出し、生存者と母（馬野都留子）とが室内に残る中、新吉の絶叫とともに木造家屋が押しつぶされます。屋内の描写に続き、外側からの倒壊の場面となり、木造家屋が居住者もろとも強力な力で押しつぶされる様子がミニチュア模型を用いた特殊技術撮影で描写されます。このとき画面の左端にゴジラの脚部が見えますが、白黒画面ということもあり、背景に溶けて初見では気付きにくい画面となっています（ただし、リマスター版でははっきりと認識できます）。

そして夜が明けて映されるヘリコプターの残骸。

以上の、情報が混乱する東京と、災害の現場と、両者をつなぐ報道によって構成される物語は、最後に三者を綜合《そうごう》させる形で国会の災害対策委員会の場面となります。災害復旧の陳情団として上京した村の住人——村長（榊田敬二）と新吉——の発言では説得力がないところに新聞記者、萩原の見解が加わり、この作品の最重要人物の一人である山根博士（志村喬）——恵美子さんのお父さま——が登場します。上着のボタンをしめ、語り出すと、ネクタイがはみ出ていることに気付き、話しながら直すという演出——『ゴジラ２０００《ミレニアム》』で宮坂博士役の佐野史郎が引用《まね》しています——は、たとえば或る大学者が自宅で研究に熱中して授業に遅刻しそうになり、あわてて教室に駆けつけたら片足に靴、片足に下駄をはいていたといった都市伝説的エピソードのような、学問以外には無頓着な人物像を描いています。脚本を担当した村田武雄によれば、

香山さんの原作による古生物学者の山根博士は、黒いソフト、黒いメガネ、黒マント、どこか分らぬ湖のそばの古めかしい洋館に、ひっそりと暮らしている——江戸川乱歩の作品に登場するような奇矯な影のある不気味な人物——だからこそ、日本全土を恐怖に叩きこ

んだ恐るべき怪獣に、異常な興味をいだく人物という設定であった。

私は失礼だがスタッフ会議で口を切った。

「（略）しかし私は山根博士の設定だけに疑義があるのです。彼に黒マントを着せるような不可思議な人物にはしたくないのです。調査団の団長に任命された上、国会専門委員会や対策本部での重要人物でしょ。しかし生活は我々庶民と同様に、サンマやコロッケなどを食べているような設定にしないと、博士だけが浮いてしまうと思えるのですが……」

（略）

私と本多監督は直ちに某所に泊りこみ、香山さんの原稿を土台にして、「G作品」のシナリオ製作に没頭することとなった。

（村田武雄「三十年前の思い出」香山滋『怪獣ゴジラ』所収、昭和五十八年1983、大和書房）


ということです。

初期設定の隠者的研究者の面影は次に登場する芹澤博士（平田昭彦）――山根博士の高弟で、おそらく恵美子さんの許嫁《いいなずけ》者（のちの場面で萩原に上司が芹澤のことを「山根博士の養子になるはずだった」と説明し、萩原記者が「へー、あのお嬢さんの?」と答えています）――が継承しています。

山根博士。本作品に置かれた主題の一翼を担う科学倫理の問題を担当するキャラクターが登

【ゴジラ聖地巡礼】（永田町編―１）
国会議事堂（東京都千代田区）

東京メトロ丸の内線「国会議事堂前」で下車すると衆議院の門の近くに出る。柵に沿って回ると、大戸島の陳情団がはとバスで乗り付けた国会議事堂前の交差点に着く。ゴジラ 1954 の時代から樹が大きく成長しているのに気付く。

場しました。

つづいて大戸島へ調査団が出航します。ゴジラシリーズの中でも「メインタイトル」と並んで愛好される行進曲、通称「フリゲート・マーチ」を伴奏に、海上保安庁の巡視船「しきね」――埠頭の場面で「大戸島調査船しきね歓送受付」という看板が映っていますし、恵美子さんが手を振るデッキの場面には「しきね」と書かれた浮き輪が映っています――が出航します。その後、海上を航行する巡視船の場面に映る船舶艦首には「こうず」と書かれています。「こうず」は海上保安庁の場面（＃3）でも名前――「しきね」も「こうず」も伊豆七島の式根島《しきねじま》、神津《こうづ》島《しま》に由来する名称です――の出ていた巡視船です。「こうず」は海上保安庁の鳥羽保安部所属の巡視船、「しきね」は下田保安部所属の所属の巡視船で、どちらも撮影に参加しています。ここで二隻で出航したのかどうかは作品内では確認できません。

さて「しきね」に乗った恵美子さん――どうして彼女が調査団の船に乗れるのかは追って判明します――たちを見送る衆人中に黒眼鏡をかけた周囲とは異質な姿をしている人物が現われます。次の「しきね」の甲板での尾形と恵美子さんとの会話で「芹澤さん」と紹介されます。本作のもう一人の重要人物である「芹澤博士」の登場です。

ここで見られる芹澤博士の黒装束が周囲から浮いて異質に見えますが、それはあくまで作品の画面内での効果で、異質に見えること自体がこの作品世界の虚構性を物語っているように思えます。なぜならこの時代はまだ傷痍軍人《しょういぐんじん》がいた時代のはずだからです。

ゴジラ **1954** 公開の八年後にわたしは生まれましたが、小さい頃、母に連れられて新宿や渋谷に出かけたとき、たまに「傷痍軍人」を見かけることがありました。コンコースの壁の前に、往来を向いて缶を置きひざまづいて手をつき、軍帽を被った頭を垂れる姿は、子どもの好奇の目をひきましたが、多くの人々は気にも留めずに通り過ぎてゆきます。人々に黙って何かをうったえるその姿は、ときに手が無く、足が無く、眼帯をつけている人もいました。彼らがいかなる素性の者であるかはここでは考えません。ここでうけとめるべきなのは、右のような姿だけではなく、戦後の残影を背負った人々や事物が市井《しせい》に姿を見せていたはずの時代の現実世界に対して、ゴジラ **1954** のテレビ・電話・車・オートバイ・ヘリコプターなどに彩られる〈東京〉は、未来に向かって開かれた空間として設定されているように見えるということです。戦後をひきずった現実社会がある中で、この作品の内的世界においては、芹澤博士の黒装束は、公開時の現実世界——観客の生きている世界——まで含めてうけとめた場合、目はひいても異質ではなく、ナチュラルな存在として描かれていると考えていいでしょう。異質なのではなく、目立つだけとはいえ、その目立つ点から読み取れることがあります。つまり彼は作品内で示される虚構的世界（理想的な日本の姿）に対して、地味に抵抗《カウンター》を与える現実的存在の一つとしてささやかに登場してきているということです。

　さて、大戸島での調査の場面となり、山根博士の脇で記録する恵美子さんがうつり、山根博士との関係や調査団内での地位——研究助手——がはっきりします。

　ガイガーカウンターによる放射能測定の場面では、井戸の水が汚染されて危険であることが、作中で常に山根博士の蔭でしっかり仕事をしている田辺博士（村上冬樹）の、

　「この水もしばらく飲まないように」

という無愛想な一言で示されます。この台詞に対して、モブキャラ（村民たち）の声として、

　「井戸が使えねえだとよぉ」「困ったなあ」（「んだんだ」）

ということばが耳に聴こえます。調査団は、大戸島の放射能汚染の可能性の一つに「放射能雨」（後述）についても考えていたようで、尾形が田辺博士に質問しています。

　つづけてカメラ位置をやや低めに取って土砂崩れ状に見せた場面となり、山根博士によってそれが足跡であるということ、三葉虫という絶滅したはずの生物がそこから採取されたことが示されます。次第にゴジラの存在が実感を持ってきます。

　放射能の検出された足跡の中で三葉虫を発見して興奮する山根博士ですが、「なんですか、

それ？」という萩原記者の問いに「これはね、たいへんなものなのだよ」と答えになっていない答えを返すあたりに、自分の世界に夢中になっている学者の姿が浮かび上がってきます。この山根博士の姿勢が、後に大きな課題をわたしたちに与えてくることになります。

#8 ゴジラ出現（前半）

いきなり半鐘《はんしょう》の音とゴジラの足音が響きます。大戸島の住民が山道を駆けます。いろいろ武器——刀（軍刀でしょうか？）とか銛、鍬だとか——を持って八幡山に駆けつける様子はどこか『七人の侍』1954（黒澤明監督作品）を思わせます。ロケ地石鏡《いじか》での撮影のエピソードについてはいろいろなところでさまざまな方、関係者の皆さんが紹介されているので言を重ねるのはやめましょう。ここでも最初はゴジラの「足音」で存在が示されます。

そして山根博士の、宣伝にも使われた台詞。

「わたしは見た。たしかにジュラ紀の生物だ！」

山が映り、稜線からゴジラの背びれが現れます。稜線が背と重なることで巨大さが印象づけられ、頭が出た瞬間、認識を妨害するように、人々の驚く姿と、写真を撮影する山根博士の様子となり、あらためて、山越しのゴジラ像となります。巨大なごつごつした頭と小さな手。動きがぎこちないのがかえって異形性《いぎょう》を与えています。咆哮。恵美子さんの悲鳴。そして姿が消え、島民が浜辺に残された海に向かう足跡を発見します。

この場面でゴジラの「足音」が流れますが、ここで、この音が＃2の時と同様に〈実際に歩いている音〉としては機能していないことに気づきます。＃2は海の中での出来事ですし、ここで海に消えていった後の様子であればゴジラは泳いでいるはずであり、いずれも「足音」が聞こえるとは考えられません。つまりこの「足音」というのは、小林淳『ゴジラ音楽論』で指摘されている通り、ゴジラの存在を聴覚的に象徴的に表現する「指導動機《ライト・モチーフ》」――ワーグナーの楽劇に用いられたキャラクターの基礎テーマ旋律――だったのでした。交響曲の作法でいえば、のちに旋律を紡ぎだすための素材を示す「動機」的役割をする音だと云ってもいいでしょう。ベートーヴェンの交響曲第三番「英雄」の第一楽章では、冒頭に和音が二回鳴らされますが、この和音を「動機」として、以下の旋律――「主題」といいます――が提示され、展開されて音楽を構築します。ワーグナーは楽劇を作るときに、登場人物やアイテムに基本となる旋律を付け、場面に即してその旋律を発展させ、絡み合わせて音楽を構築しました。これと同様に、このゴジラの「足音」は後にゴジラが描かれる場面での音楽に発展させられていると見る（聴く）ことができます。ゴジラには音楽劇的側面が強く表れています。

巻の三、ゴジラの荒《ア》れ《レ》 —— 展開部

次の部分にうつりましょう。チャプター途中になりますが、ゴジラ出現をもって区切りたいと思います。＃13の途中で区切って第二幕とすることもできますが、ここでは＃8の後半以降ゴジラが見せ場となっている——中心となっている——段落として一まとめにしておきます。

＃8 ゴジラ出現（後半）

＃8「ゴジラ出現」の後半は大きく二つの場面にわかれます。

一つは調査団が帰って国会に報告する場面。次がその報告が公開されて人々がどう反応したかというシーンです。ゴジラ出現をうけての矢継ぎ早の展開は、＃9で勇壮な「フリゲート・マーチ」を伴奏に映し出される海上保安庁による爆雷投下映像の場面——ゴジラへの攻撃——にむけて盛り上げてゆきます。

さて、国会の場面は、山根博士による大戸島の巨大生物についてのスライドを用いた解説から始まります。ここで、山根博士が、

「仮にこれを大戸島の伝説に従ってゴジラ、ゴジラと呼称します」

と命名します。怪獣「ゴジラ」が生まれました。続く山根博士の解説も重要です。

「おそらく海底洞窟にでもひそんでいて、彼らだけの生存を全うして今日まで生きながらえていたのが、この度《たび》の水爆実験によって、その生活環境を破壊された。もっと砕いていえば、あの水爆実験の被害を受けたために安住の地を追い出されたと見られるのであります」

そして証拠として大戸島で発見された三葉虫《トリロバイト》（#7）とガイガーカウンターの計測結果が示されます。ゴジラが核と結びつけられた瞬間です。

ただ、ここで一つ、台詞の中に奇妙な点があります。大戸島で「たしかにジュラ紀の生物だ」と断言した山根博士ですが、ここでの説明において、ジュラ紀を「今から二百万年前」としています。しかしジュラ紀は今から一億五千年以上も昔の時代ですから事実誤認が認められます。これを台本上のミスとしていいかどうか。撮影にいたるまで、台本は三回修正されていますので、どこかで気づかれてもいいでしょう。それ以前に、原作者（検討準備稿執筆者）の香山滋

は、アマチュアとはいえ古生物に関しては造詣が深い小説家です。同じ香山滋原作の『ゴジラの逆襲』においてはアンキロサウルス——通称アンギラス——の活動時期は七千万年から一億年前とされ、ゴジラとほぼ同時期と説明されています。それを聞いている山根博士も異論を唱えていません。ということは、この「二百万年ほど昔」という年代設定はゴジラ 1954 独自の設定とうけとめていいでしょう。

この点については、ゴジラ 1954 の公開前にラジオ放送されたドラマ『ゴジラ』の台本をもとに小説化されて公開月（十一月）の末に刊行された『怪獣ゴジラ』（香山滋、岩谷書店）の復刻版（昭和五十八年 1983、大和書房）の解説で、竹内博がこれを意図的なものとし、二百万年前が人類の祖、アウストラロピテクスの登場した年代であることに注目し、ゴジラを人類初元の位置に設定することでゴジラそのものに人類の歴史を重ねているのではないかとコメントしています。

以上、提示部（海洋の謎）でゴジラをめぐって断片的に呈示されてきた情報が一旦整理されて、科学的説明——厳密に科学的である必要はなく、物語の内的世界においてそれらしい説得力があれば十分です——によってその存在が位置づけられました。

次に、それをうけとめて国としてゴジラにどう対処するかを国会の災害対策委員会の議員が討議する場面となります。委員の大山議員（恩田清二郎）による情報秘匿の提案に対し、委員席にいる女性議員——当時は「婦人議員」といっていました——（菅井きん。のちに必殺シリーズで番組になくてはならないレギュラー・キャラクターとなりました）が猛然と反対をするのが印象的です。日本で女性参政権（婦人参政権）が認められたのは、実は明治十三年 1878 だったそうですが国政ではなく、また欧化主義「鹿鳴館時代」のどまんなかの明治十七年 1882 には区町村会レベルでの女性参政権も禁止されたため——ヨーロッパのまねをしたのだそうです——女性の国会議員の誕生は昭和二十一年 1946 の衆議院選挙（旧憲法下、帝国議会の選挙です）で選出されたのが初めてでした。ここで活躍する女性議員もまた時代の最先端にいる女性なのです。

そして、

「莫迦《ばか》者ォ！　なにをいうか」（女性議員）

「莫迦とはなんだ、莫迦とは！」（大山議員）

というやりとりは、前年の「バカヤロー解散」事件をふまえてのくすぐり——笑いをとる演出——でしょう。

「バカヤロー解散」というのは、昭和二十八年 1953 二月の衆議院予算委員会で、日本社会党（右派）——かつての日本社会党は、自由民主党に対抗する巨大野党としての地位を誇っていた政党です。このころはサンフランシスコ講和条約（昭和二十六年 1951）をめぐって「右派」と「左派」とに分裂していました——の議員が吉田茂首相（自由党党首。当時の幹事長は後に首相となる佐藤栄作。昭和三十年 1955 に日本民主党と「保守合同」して自由民主党となります）に国際情勢についての見解——首相は楽観的に捉えていると表明していました——を質疑する中、売り言葉に買い言葉となって、首相が「ばかやろう」とつぶやいたのをマイクが拾い、大騒動になったという事件を発端として、政党内の争いもからみ、内閣不信任案提出に発展、吉田首相は衆議院解散、総選挙に至ったという顚末です。

ゴジラ 1954 では、実際の事件の〈要素の反転〉をさせて、

発言者　首　相　（守勢）→女性議員（攻勢）
質問者　社会党議員（攻勢）→大山議員（守勢）

としており、また女性議員の発言も、モデルとなった事件では正式な質疑と答弁の中での失言であったのが、ヤジと罵声になっています。議会でのヤジは平成になると下品になりましたが——ヤジに品位というのもおかしなことですが——昭和時代のヤジはそれなりに知性とマナーもあっ

たようです。それを見る国民側にも。

そして、女性議員の「莫迦者」発言によって議場は騒然となって議員たちが取っ組み合い――議会の乱闘も昭和時代は顰蹙ながらも名物だったように、平成時代の目には映ります――を始めます。それを呆れて眺める山根博士と田辺博士の表情が映って場面転換となり、ゴジラ出現の新聞記事となります。

大山議員と女性議員との対立点は情報秘匿にありました。ゴジラの存在を隠そうとする大山議員に対して、事実は公表しろと声をあげる女性議員。大山議員は直前の場面での山根博士の見解に核実験による出現とあったのをうけて隠すことを主張したのですが、それは日米安全保障条約（昭和二十六年1951締結）を配慮してのことでしょう。昭和二十九年1954時点で核実験を行った国は、アメリカ、イギリス、ソ連の三か国。そのうちアメリカによる実験が八割近くをしめ、もっとも近い実験がアメリカ初の水爆実験（昭和二十九年1954三月）、その前がソ連初の水爆実験（昭和二十八年1953八月）でした。「バカヤロー解散」は国際情勢を楽観視する首相への質疑から始まっていましたが、その直後に、自由主義陣営の雄アメリカと社会主義陣営の総帥ソ連とが競って水爆実験をしています。山根博士の「度重なる水爆実験」という言葉は、これら米ソの二つの実験を指しているのでしょう。とくにマーシャル諸島ビキニ環礁（北緯十一度三十五分、東経百六十五度二十三分）で行われた米国《USA》の「キャッスル作戦ブラボー実験」——六メガトンの核出力を予想し実際は十五メガトンの核出力を出してしまった水爆実験で、爆弾の小型化（つまり爆撃機に搭載が可能となる）への道を拓《ひら》きました——は、その放射能降下物（死の灰）が付近——危険水域と発表された範囲外——で操業していた焼津の遠洋マグロ漁船、第五福竜丸ほか数隻を襲い、昭和二十九年 **1954** 九月には第五福竜丸の久保山無線長が放射能症で死亡する——日本人医師団の見解——という出来事がありました。

　大山議員と女性議員との対立は、ゴジラ出現の新聞報道が映されることで、事実の公開という形で決着がついたことが示されます。ただし見出しに、

「政府ゴジラ対策に本腰」

「災害対策本部設置さる」

「政府は前日に引続きゴジラ出現の情報に種々対米と考慮中であるが今度調査団の報告結果に基き急遽対策本部を設置し本腰を入れることになった」

「船舶の被害甚大　既に十七隻も及ぶ」

とあるだけなので、核実験を原因とする説まで報道されたかはここでははっきりしません。

　この新聞を読んでいるのは、電車に乗る若い男女たちです。水商売風のファッショナブルな

【ゴジラ聖地巡礼】（夢の島編—1）

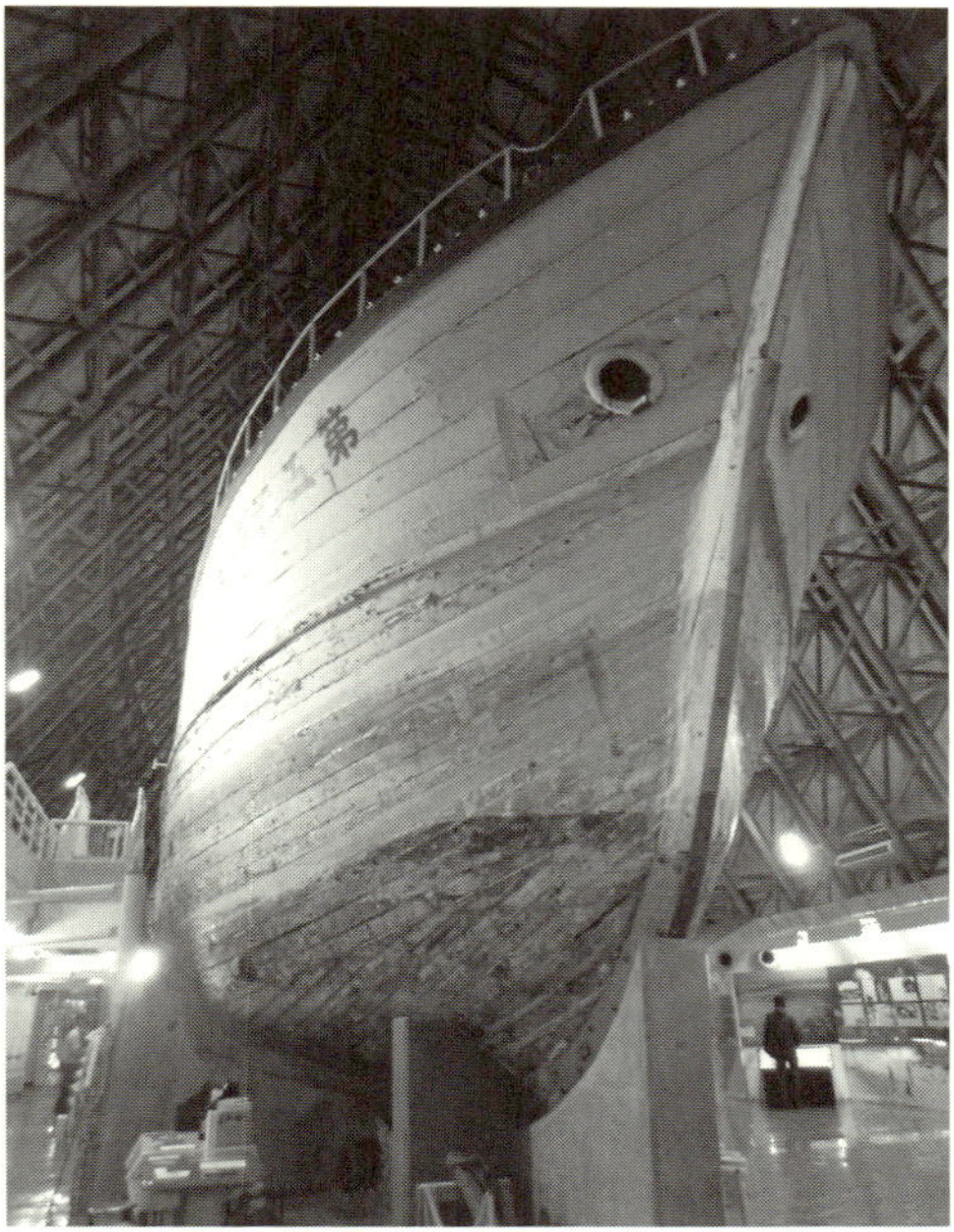

第五福竜丸は、事件後、変転を重ねた後、東京夢の島に廃棄されていたのが発見され、保存運動がおこり昭和 55 年 1980 に東京都立第五福竜丸展示館が設立されて現在まで遺されている。第五福竜丸事件のいきさつを追うとゴジラ 1954 が大きく影響を受けている——自覚的か無自覚的かわからないが——と感じられる。

女性——脚本では「ダンサー風の女性」——が、

「いやぁねぇ。原子マグロだ、放射能雨だ、その上こんどはゴジラときたもんだわ」

という「原子マグロ」とは、第五福竜丸の被爆事件をうけて生まれた——第五福竜丸とともに被爆して放射能汚染されたマグロは大量廃棄されました——ことばです。マグロは回遊魚なので、マグロ即放射能汚染と考えられて国内でマグロが売れなくなりました。こういう事態の中で生まれたことばです。「放射能雨」は、大戸島の場面（#7）ですでに「放射能の雨」ということばが出ていました。実際ビキニ環礁での実験に起因すると思われる放射能を帯びた雨が当時日本各地で観測されていました。

ですから、この女性の発言によって、大山議員の意見は採られずに情報が公開されたのだと理解できると同時に、ゴジラが昭和二十九年 1954 の日本に出現したことが明確になります。理想的《うつくしい》日本を描いてはいても「いつかの時代の話」「未来の話」つまり空想の話ではなく、現実を舞台としたドキュメンタリー風味の映画となるわけです。この女性はさらに興味深い発言をしています。お相手の男性に「まずまっさきに君なんか狙われるだろうねぇ」といわれて、

「やなこった。せっかく長崎の原爆から命拾いしてきた大切なからだだもの」

と答えます。華やかな格好をして時代の先端をいく若者の背後に、**HIROSHIMA・NAGASAKI**

【ゴジラ聖地巡礼】（夢の島編―2）

原子マグロは築地市場の地下に埋められた。その供養塚が、東京都江東区の夢の島にある第五福竜丸展示館脇に建てられている。本来は築地市場内にあるべきものだが、移転に関する整備の関係で第五福竜丸展示館の脇に仮に建てられたのだという。

築地市場正門脇に、マグロ塚についてのプレートがはめ込まれている。

の影が横たわっていることに気付きます。そして男性がつぶやきます。

「そろそろ疎開先でも探すとするかなァ」

「疎開」とは安全をもとめて居住地から避難することで、太平洋戦争終盤、アメリカ軍の襲撃にそなえて、都市部から地方への疎開が各地で行われました。政府は親戚筋を頼る疎開を奨励していたそうですが、集団で地方に疎開させられた児童たちもいました。親とは離れ、集団生活なので自由気儘《きまま》な時間もとれずにストレスがたまったことでしょう。都会の子どもたちですから、地方の時間感覚や価値観など、認識のずれから、在地の子どもたちまたおとなたちとの軋轢《あつれき》もあったことでしょう。この場面の男女は尾形たちと同様、二十歳前後——尾形を演じている宝田明が撮影時二十歳です——と見られますから、疎開が推奨されだした昭和十九年1944のころは十歳前後。まさに疎開を体験した世代です。右の台詞に続く「また疎開か、いやになるなあ」という台詞には、深い思いが刻まれているにちがいありません。

ゴジラによって太平洋戦争の記憶が次々と呼び起こされています。

＃9 爆雷攻撃

人々の不安が戦争の記憶とともに召喚される中、フリゲート艦による攻撃が行われます。攻撃範囲は「東経百三十八度より同じく七分、北緯三十三度四分より同じく八分を結ぶ」海域であると海上保安庁は発表しています。八丈島の西、御前崎の南付近の太平洋上です。この場面の直前に対策本部の廊下が映し出されますが、これはあとでも出てくる映像です。

そして勇壮な「フリゲート・マーチ」とともに、軍艦の出撃場面となります。憲法改正して、戦争放棄を謳ったいわゆる「新憲法」が施行されて八年。再びの実戦です。映像は海上保安庁提供による演習の記録もしくはＰＲ用に撮影されたものでしょう。ここで使用されている軍艦は「フリゲート艦」と呼ばれています。

これらの軍艦は、前年の昭和二十八年 1953 にアメリカ合衆国から貸与されて運用に入ったタコマ級哨戒フリゲートで、太平洋戦争時代にはソ連に貸与されて日本と戦い、戦後合衆国に返還された後は横須賀に係留されていた二十七隻の船ですが、朝鮮戦争で使用され、その後十八隻が日本に引き渡されたものです。日本では「くす型」と呼ばれ、「くす」「なら」「けやき」などの樹木名が与えられています。運用にあたったのは海上保安庁でしたが、管理部署が昭和二十七年 1952 に独立して海上警備隊として組織され、配備されました。これが昭和二十九年 1954 七月に防衛庁海上自衛隊となります。つまり、ゴジラ 1954 製作時——昭和二十九年 1954 八月——は海上自衛隊発足直後となります。海上自衛隊発足に至るまでには、新憲法とのかかわりで当然再軍備の是非の問題があったはずで、貸与が提案された昭和二十五年 1950——朝鮮内乱勃発の年——以降、配備された昭和二十八年 1953 までの間に、この場面のもととなった演習場面が海上保安庁によって撮影されたものでしょう。

さて爆雷攻撃の場面はそのままテレビ画面に移行し、山根博士邸の茶の間（居間）が舞台となります。作品中、初めてテレビジョンがでてきました。「ユタカテレビ」と商標のある受像機の製造販売会社は未詳——昭和二十一年 1946 創業の「ユタカ電気製造所」という会社は現在もありますが——ですが、テレビ放映の始まりは昭和二十八年 1953 ですから、これも時代の最先端をいっていることは確かです。

山根博士邸は、後の場面から類推して、現在の港区南部または品川区北部あたりの高台——高輪台あたり——に設定されていると思われます。邸宅の建築には、大正から昭和初期にかけて流行した「文化住宅」の様式が見られます。これに住めるのはある程度の地位と財力とを必要とする人々で、恵美子さんたちがブダペスト絃楽四重奏団のコンサートにゆこうとしていたのとステータス的に一致します。文化住宅は、玄関の脇に洋間の書斎、反対側に座敷（客間）、奥に和室の茶の間と台所を置くのが基本様式で、テレビが置かれたのはだいたいが和室の客間か茶の間です。ただ、そういうテレビがある文化住宅は、人々が目標とする文化レベルの表象でもあったと思われます。いわば一般的家庭の達成目標的将来像《モデル》です。

山根博士はテレビでゴジラへの爆雷攻撃を見て心を傷めます。そして黙って書斎に籠ります。それを尾形――この人も気楽に山根邸に出入りしている不思議な人です――が解説しています。「先生は動物学者だからゴジラを殺したくないんだ」と。ここで、山根博士が大戸島で放射能汚染された三葉虫を田辺博士の警告「先生、素手で触らない方が……」をまったく意に介さず興奮していた対照的な姿（＃7）が想起されます。

尾形のさりげない解説《コメント》は重要なもので、以下に立ち顕《あらわ》れてくるこの作品の骨格を作るテーマの端緒に位置づけられます。

＃10 東京湾の恐怖～＃11 芹澤の秘密

爆雷攻撃に心を傷めていた山根博士の孤独とはうらはらに、賑やかな一般民の様子を描く場面となり、東京湾クルーズの船上が舞台となります。ハワイアン風の音楽とそれにあわせて踊る若い男女たち。山根博士たちのステータス――ブダペスト絃楽四重奏団の演奏会デートで端的に示されるような――とは異なる世界が、音楽で表現されています。

ここでまた登場するのが電車の中の男女で、クルーズ船のダンスパーティを楽しんでいます。

そして酔いを醒ましに甲板に出てきた彼女が目撃したのは、東京湾に姿を現わしたゴジラの姿でした。暗い海の上に、にゅっと頭をもたげるゴジラ。その背景に点々と島影が見えます。脚本には「品川第二台場」とあるので、これらの島影は「御台場」なのでしょう。嘉永六年 1853、黒船ショックで急遽首都《お江戸》防衛のために八か月で築かれた海上要塞です。埋め立てには品川の八ツ山や御殿山の土が使われたといいます。

御台場は品川宿の北、八ツ山の下付近から沖に向かって第四、第一、第五、第二、第六、第三と並んで築かれていいます。現在のレインボーブリッジの南側に沿って並んでいて、フジテレビの前の台場公園に第三台場が、そのすぐ近くの海の中に第六台場が現存して史跡に指定されています。脚本には「第二台場」——破却されて現在は品川埠頭になっています——とあるのでゴジラの背後の大きな島影がそれと設定されているのだと判断しましょう。クルーズ船の位置もはっきりしませんが、船上でダンスパーティが催され、ダンサー風の女がある程度の酔いをみせていることからそれくらいの航行の時間が経ったとすれば、竹芝埠頭——昭和十六年 1941 に整備完成——出航、御台場の間を抜けて東京燈船——昭和二十二年 1947 に設置された東京港の入り口を示す燈台船。のちに「東京燈標」となって平成二十二年 2010 に廃止——付近まで出かけて戻ってくる航路と仮定して、ゴジラの出現地は東京湾の御台場列の外側、現在

【ゴジラ聖地巡礼】（お台場編―1）
第六台場と第三台場

レインボーブリッジの手前、右の石垣が第三台場、左の奥に第六台場が残っている。

戦前の御台場

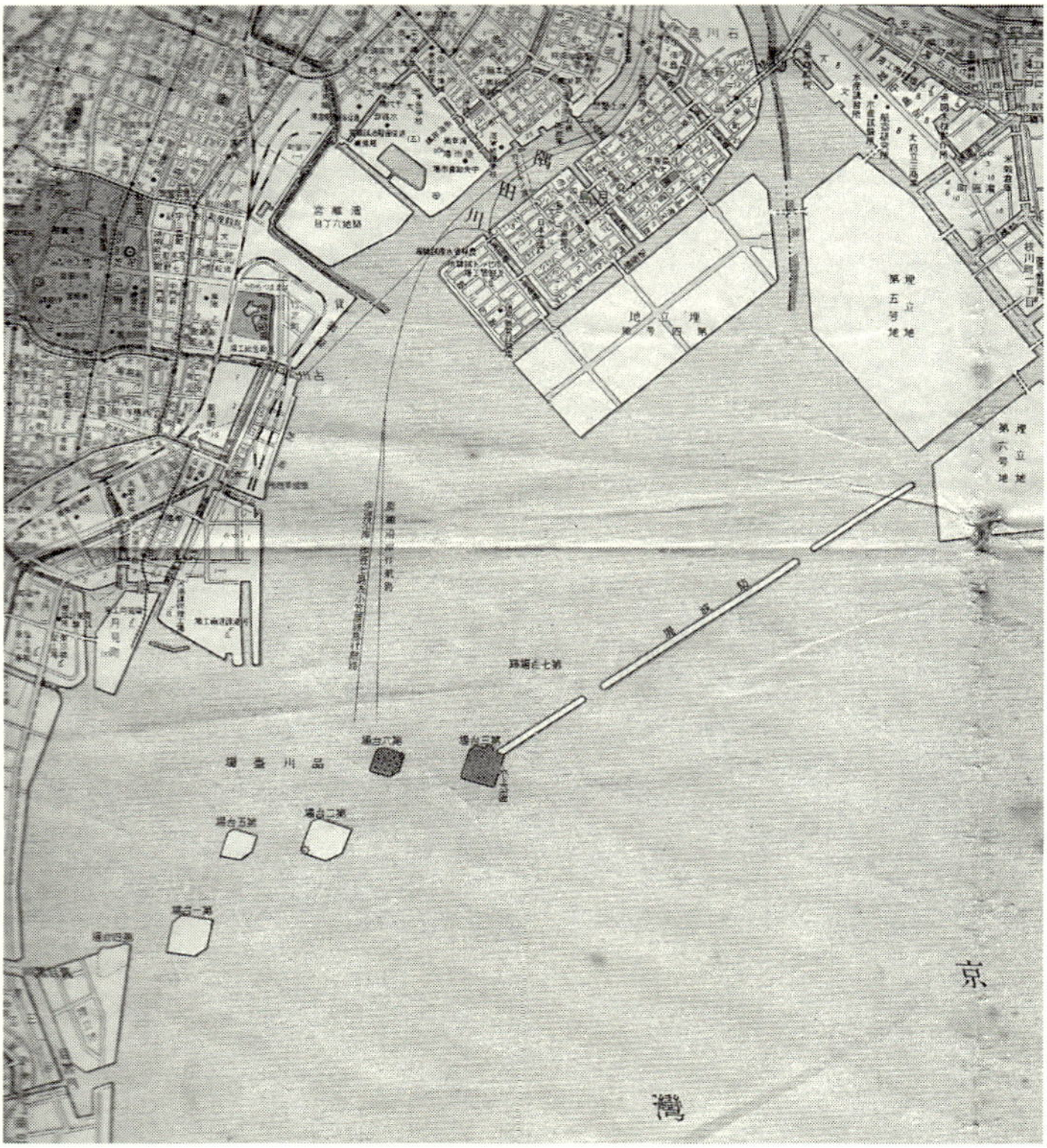

昭和 7 年 1932 の東京日日新聞添付「大東京詳細図」を見ると、御台場（左端、第四御台場が埋め立てられている）と防波堤が一直線に並んでいるのがわかる。

の首都高速湾岸線のトンネルの上あたりと想像できます。作品ではそこまで厳密さは要求されていないのでしょうが、そう位置づけることで、ここでゴジラが海面上に頭を持ち上げた理由として、東京湾内侵入進路上に御台場列という行路妨害物があったからと読み解くことができます。

さて、ゴジラ出現によって、爆雷攻撃が無効だったという結果がでて、山根博士は災害対策委員会に呼ばれます。議事堂内の廊下は、前でも描写されたように（#9）、東京湾などを漁場とする人々の陳情団であふれています。以前に大戸島が被害にあったときにも陳情団が結成されて上京していました。陳情団というのは、自分たちの抱える問題の実情を議会に陳《の》べて対策してもらうために臨時に結成される団体です。

ここで廊下にあふれているのは、幟《のぼり》をみればすべて東京湾周辺の漁村・漁協の人々のようです。ゴジラが与えた生産活動に対する経済的影響が示されています。背後に流れる会話もゴジラ被害を嘆くものとなっています。その人々の海をかきわけて山根博士は災害対策委員会室に入ってゆきます。

山根博士が委員長からうけた「率直な質問」は、「いかにしてゴジラの息の根をとめることができるか」というものでした。博士は即座に「無理です」と答えます。「水爆でも死なないものをどうやって殺せというのですか」と反論します。そして、おそらくは前の場面で明かりを消した書斎で沈思黙考していたであろう考えを口にします。

「それより水爆の洗礼をうけてなお生きていられる生命力を調べるのが急務です」

学者（研究者）が、現在抱える人々に共有の問題——ここでは核の問題——に対する解答を得ようとしている姿です。しかし、これでは廊下に座り込んでいる今日の糧《かて》を得られない漁師さんたちを救うことにはなりません。

この葛藤は次の場面で新聞記者の萩原たちの会話によって明確に示されます。積極的にゴジラと向かい合うか、それとも排除するか。

ここで山根博士の意見に賛意を示している記者を演じている鈴木孝次という役者は後にテレビドラマの監督に転身します。監督業で用いた名前が「鈴木俊継」。特撮ファンにはなじみある監督で、とくに『ウルトラセブン』（昭和四十三年 1968、ＴＢＳ）の多くの話を監督しています。中でも第二十六話「超兵器Ｒ１号」（ギエロン星獣の登場する話）は、地球防衛軍が地球防衛のために開発した新兵器の実験に使われた惑星（ギエロン星）に住み被爆した——どころか故郷の星そのものが物理的に破壊され失われた——巨大生物が地球にやってきて破壊活動をするという、兵器開発の問題を実験の被害者である怪獣で物語るゴジラ 1954 と同じコンセプトの作品となっています（脚本、若槻文三）。

鈴木演じるこの記者に「しかし、現状の災害はどうするんだ？」と問い返している役者が中島春雄で、着ぐるみを着てゴジラを演じている一人です。

記者たちが賛否を言い争っていると、そこに萩原の上司と思われる人物——もう一人のゴジラ役者、手塚勝巳が演じています——が現われ、一つの情報を萩原に与えます。「山根博士の養子になるはずだった人」で、「あのお嬢さんの」何かであった人、つまり芹澤博士の存在です。

芹澤博士については、続く場面で恵美子さん自身が〈関係〉について語っています。「お兄さんのように慕っている人」だと。前の場面とのつながりで、おそらく恵美子さんの婚約者だと考えられます。したがって、その恵美子さんと〈自由恋愛〉関係にあるのが尾形だということになります。そして尾形と芹澤博士とは、戦争をはさんで、旧知の間柄であることが「しきね」の甲板の上での会話からわかります。おそらく尾形も芹澤博士も、山根博士の教え子なのでしょう。尾形は山根博士を「先生」と呼んで我が家のように山根邸に出入りしていますし、尾形から芹澤博士への敬語の使用、芹澤博士の尾形への気さくな口調から、先輩—後輩関係なのだろうと推測されます。

しかし、大切なのは尾形と芹澤博士の山根博士を中心とした人間関係を基盤として成り立つ、古風な許婚者と今風の恋人という恵美子さんを挟んだ三角関係です。この関係に決着をつけようというのが尾形から恵美子さんへの提案です。ここまでの流れ（文脈）が、人々の太平洋戦争の記憶を呼び覚ます方向性をもっていることから読めば、戦場に散った若者たちの記憶から、生きているうちに結婚したいという尾形の焦り——彼は船舶に乗る仕事をしています——も理解できますし、後半になってある種の熱血を帯びてくる行動力の源泉もわかる気がします。彼もまたゴジラ出現の影響を強くうけている人物なのです。

尾形が決心を定め、恵美子さんの同意を得、見つめ合って、いい雰囲気になったところにでてくるお邪魔虫が新吉くんで、さらに新聞記者の萩原が現われます。芹澤博士に紹介の労をとってほしいという話です。芹澤博士はこれまで「しきね出航」のところで（#7）、黒装束に黒眼鏡で姿を見せただけですが、ゴジラと対等の位置——若い二人の示す日本の未来に対する過去からの抵抗《カウンター》——におかれた登場人物です。恵美子さんの許婚者である芹澤博士もまた、ゴジラ同様になかなか全身を見せてくれません。

萩原記者に連れられるように芹澤研究所に出向く恵美子さんですが、ここにさしはさまれる場面が、尾形が新吉くんを後ろに乗せてオートバイ《自動二輪＝バイク》で山根邸に到着する場面です。このバイクは「Cabton」という名の、みづほ自動車製作所から販売されていた（当時としては）大型のバイクです。ゴジラ1954公開時はみづほ自動車製作所の全盛期で、南海サルベージのオフィスの壁——＃3で恵美子さんがコンサートに出て行くドアの脇です——にCabtonのカレンダーが貼《は》ってあるところをみると、作中では南海サルベージと取引がある会社だと考えればいいでしょうか。あるいは尾形の趣味かもしれません。恵美子さんとのデートに使ったりもしたのでしょう。

ここは恵美子さんたちを乗せて芹澤研究所にむかうタクシーが走る場面を二分して挿入されており、紛らわしい展開なのですが、タイアップの関係でオートバイを全面的に画面に映し出す必要から挟まれた場面だと思われます。が、文脈上では前の場面で三角関係に決着をつけようとし、その役を恵美子さんに代わってもらえて、いよいよ山根博士にも二人の関係を認めてもらおうと乗り込んでゆく尾形なのでしょう。そう思ってみると尾形の顔もどこか笑みが浮かんでいるように見えます。この尾形のテンションが後の場面への伏線ともなっています。

さてそのころ。芹澤研究所では萩原記者が芹澤博士にインタビュー中です。ここで萩原記者がわれわれに知らせてくれるのは、まず萩原記者が持つ、芹澤博士がゴジラに対抗しうる武器開発を行っているらしいという情報です。情報源は芹澤博士のドイツの旧友だといいます。しかし芹澤博士は萩原記者のことばを強く否定します。その否定があまりにも不自然でむしろ肯定しているように思われます。そこから、芹澤博士の研究がドイツの科学者との共同研究で、それが秘すべき過去であることが推測されます。すなわち芹澤博士は日独の同盟関係——日独伊三国同盟——に基づく軍事利用も想定された科学技術の共同開発に従事していた科学者の一人であったということです。「当初のプランを完成させてたら」と「ドイツの友人」はいったということで、研究途上で終戦を迎えたのでしょう。そして尾形が「しきね（こうず?）」の甲板で漏らした「芹澤さんも戦争がなければ」の一言。黒の眼帯。以上から、連合国側による研究施設への攻撃で負傷したのだということまで思わせます。

ゴジラ 1954 とほぼ同時期に描かれたまんがに横山光輝の『鉄人28号』があります。この作品は複数の発表原稿があって、校合《きょうごう》が必要となる作品ですが——文庫本で諸本をまとめた定本が刊行されています——もっとも古い発表に属する原稿の第一話で語られる「鉄人」（鋼鉄製の巨大ロボット）誕生の物語がまさに同じ設定となっています（青都社刊『復刻版鉄人28号』。底本、昭和三十一年『少年』掲載版）。日本軍の最終兵器として開発されていた南洋のロボット兵器工場が合衆国軍のB‐29爆撃機に攻撃されます。開発の中心研究者であった金田博士——『鉄人28号』の主人公、少年探偵金田正太郎の父——は戦死。負傷したのが研究に従事していた敷島博士という設定——秋田書店の新書版《コミックス》の『鉄人28号』でもほぼ同様——になっています。空爆で消滅したはずのロボット兵器が昭和二十九年1954に富山県黒部の山奥から出現して富山市を襲うというのが——作中に「ゴジラ」の語が見えます——このまんがの最初の事件となります。

終戦前のことを一切否定する芹澤博士に萩原記者は現在の研究についてなおもしつこく質問してゆこうとしますが、恵美子さんにさりげなく止められて、あきらめて帰ってゆきます。残った恵美子さんは芹澤博士に尾形とのことを話すべく、話題の接ぎ穂として萩原記者の質問を引き継いで現在の研究について質問します。すると芹澤博士はうってかわって現在の研究を見せてあげるといいます。ここでの芹澤博士の笑みに、博士と恵美子さんとの信頼関係がうかがえます。語る声音《こわね》もどこか優しく、でも「絶対に秘密ですよ」と念を押すあたりに「お兄さまのよう」なムードを漂わせています。

恵美子さんが連れて行かれた芹澤研究所の地下研究室は、いかにもそれらしい造作です。電気系の機材と、そして水槽。魚が泳いでいます。芹澤博士は奥から薬品を持ち出してきて、それを水槽の中に入れ傍らの電源を入れます。弦楽器が高音でノイズのように刻んで弾く音楽が効果音として流れてなんらかの反応があったことを示しますが、映されることは無く、恵美子さんの顔がひきつって、ついに顔を手で覆ってしまう画面になります。この弦楽器の音は、軽く指で押さえたE線《エーセン》(一番高い音のでる弦)、あるいはコマの外――通常は弾く所ではない――を弓で短くすばやく上下させると出る音です。弦の刻み《トレモロ》の音は、例えばブルックナーの交響曲第四番第一楽章の冒頭――「ブルックナー開始」という呼称があるほど、彼の交響曲を特徴づけるものです――を聴くとわかりますが、朝霧のような清澄さを表現できます。しかし、ここでは弦が響かないように指で押さえているのでガラスを擦る音のようなノイズに聞こえます。ちなみに、この時期は「現代音楽」といってノイズもまた音楽として聴かれようとしていた時代でした。この音もまた「指導動機」として捉えられるでしょう。

#12 ゴジラ上陸

恵美子さんの見たものは音で表現されています。見せられたものについて絶対に口外しないことを恵美子さんは芹澤博士に約束します。そんなことがあって、尾形の待つ自宅へ帰ってきます。迎えにでた新吉くんと尾形は、暗い恵美子さんの様子をみて怪訝《けげん》な顔をします。尾形が山根邸に来ている理由は、恵美子さんが芹澤博士に自分たちのことを認めてもらい、それをうけて山根博士に恵美子さんとの結婚を許してもらおうと思ってのことです。このとき、尾形は自分たちのことを芹澤博士が許さなかったのではないか、と疑っていたにちがいありません。

恵美子さんが奥に引っ込んでしまったので、新吉と尾形は顔を見合わせて座敷の縁側《えんがわ》に戻ってきます。そこに山根博士が娘の帰宅を察して白衣姿で出てきます。研究中だったのでしょう。すぐに「戻りました」と恵美子さんは飲み物をお盆にのせて出てきます。瓶が二本。意味的にはビールだと思うのですが、ラベルは読めません。右側の瓶の液体は透明で色がついているようには見えないので、尾形——バイクで来ています——と新吉——未成年です——のためのサイダーかもしれません。

尾形はどこか落ち着かない風ですが、そこにサイレンの音が聞こえてきます。かつては空襲警報として用いられた、われわれに害をなすものの到来する危険を知らせるサインです。太平洋戦争を体験してきた方々は、この音を聴くと当時を思い出して嫌だと今でも言います。ゴジラの到来は戦争の再来として受けとめられる要素をもっています。ちなみに東日本大震災以降、地震到来の危険を知らせる「緊急地震速報」がテレビで流れるときにチャイムが鳴りますが、これは伊福部昭の甥である伊福部達東京大学名誉教授が伊福部昭作曲『シンフォニア・タプカーラ』を素材に福祉工学の研究成果を利用して平成十九年 2007 にＮＨＫの依頼で制定した作品で、伊福部教授は平成二十四年 2012 に第17回音の匠賞（日本オーディオ協会）を受賞しています。

「ゴジラだ。ゴジラが来るぞ」

と山根博士は子どものように家から飛び出してゆきます。このとき、例の「ゴジラの足音」がサイレン音にかぶさって流れますが、先述の通りこれはゴジラを示す「指導動機」であって、山根博士は足音を聞いて飛び出したのではなく、警報を聞いてゴジラの襲来を察したと読み解くほうがよいでしょう。

飛び出した博士を追って尾形も外に出ようとします。それを恵美子さんが引き止めて、二人のことを芹澤博士に話せなかったことを詫びます。尾形に笑顔が戻ります。そして、いいんだよとでもいうように、また、お父さんのことはまかせておけというように腕を握って——なんだかんだとけっこう尾形は恵美子さんにボディタッチしています——ゆすりすると、博士のあとを追いかけてゆきます。

警報が聞こえて町は大騒ぎで、橋の上に防衛隊が陣取り、群衆の整理を行い、その中に救急車や看護婦——キリっとしていてかっこいい——を荷台にのせたトラックなどが到着します。この橋は「八ツ山橋」といって、日本初の跨線橋、現在も品川駅の南、京浜急行北品川駅の北に東海道線を跨いでかかっています。橋を渡ろうという群衆を押しとどめているのが防衛隊員

【ゴジラ聖地巡礼】（品川編—1）
八ツ山橋（東京都品川区）

北品川から逆に品川駅方面に向かうと、ゴジラ上陸にあたって避難する人々を描いているシーンにうつる橋、「八ツ山橋」に出る（昭和60年1985に架け替えられて円形のアーチは失われている）。山根博士が「ゴジラに光をあてではいけません」と力説しているのがこの橋の向こう側付近。

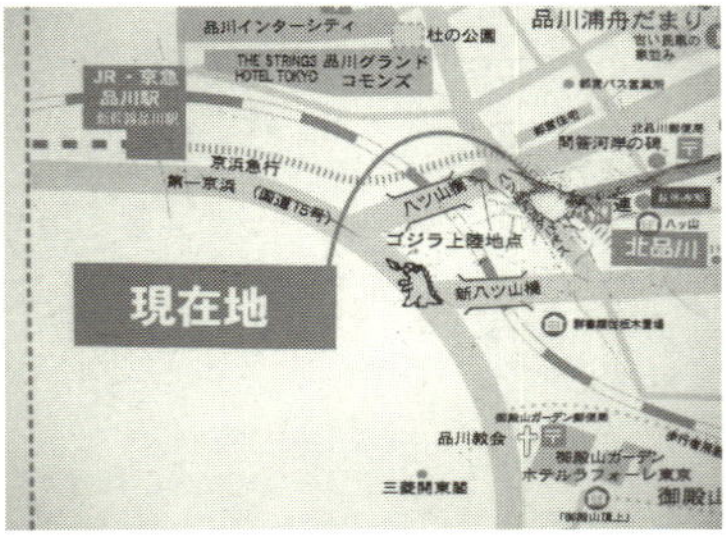

橋詰の広場にある東海道品川宿の案内看板には「ゴジラ上陸地点」とある。

ですが、方向から見てこの群衆は野次馬もしくは自宅に駆けつけようという人たちでしょう。そこに山根博士もやってきます。

「わたしは山根です。山根博士です」

この台詞には違和感があります。たとえば「わたしは松下です。松下社長です」と社長が自ら言うでしょうか？　普通、「社長の松下です」「博士の山根です」というべきところです。ただし、軍隊では「ケロロ軍曹参りましたであります！（敬礼）」というように自称に身分を接続していうことがあります。ここは軍隊の登場場面ですので、それに引きずられたのかもしれません。あるいは——作品に即して好意的に解釈して——ゴジラ出現に表現がおかしくなるほど山根博士が昂奮していたと読み解いておきましょうか。

兵士に制止されて山根博士は、「ゴジラに光をあててはいけないと司令官に伝えて下さい」と訴えます。

「そんなこと言われても困ります」

と素直に答える兵士。たしかに困るでしょう。少しコミカルな面さえあるリアルな場面です。山根博士は尾形に誘われて、高台——おそらく御殿山でしょう——に向かいます。避難ではなく、野次馬です。

品川駅の東側（海側）にゴジラは上陸します。まだ品川埠頭はできておらず、現在よりずっと近くに海岸線がありました。ゴジラは品川駅に向かいます。左にプラットホームの端らしき施設が見え、駅の東に広がる操車場と逃げる民衆を手前にしてゴジラが全身を露《あら》わにします。直立二足歩行。この姿形は当時の二足歩行型の恐竜の想像図と一致します。

前にも言いましたが、ティラノザウルス等の二足歩行恐竜が腰高の重心で前後に頭と尻尾をのばし天秤のようにバランスをとっていたと推定されて復元想像図が描かれたのは、二十世紀も終盤に入ってからでした。ゴジラの直立二足歩行体型は、当時の恐竜の復元想像図がモデルとなっています。同じようにこの時代の恐竜復元想像図から造型されたのがGODZILLA 1998のゴジラです。その違いに「似非《えせ》ゴジラ」を感じる理由もあるのですが、それほど固定されたゴジラ像が形成されるのは、やはりこうやって場面で示されたゴジラ像の印象が大きいものであると思います。もちろん、ポスターや後続映画で幾重にもゴジラ像が焼き付けられたせいもあるでしょう。ゴジラ映画で全身像を最初に見せたのがここの場面です。

品川駅に向かうゴジラですが、その時、東海道線を上り列車が走行してきます。牽引する電気機関車はフロントが斜めにカットされたＥＦ58型で、あずき色（「ぶどう色２号」というそうです）に塗装された車体と思われます。戦後に開発され昭和二十七年1952以降に量産された型で最近まで活躍していました。牽引される客車ははっきりしませんが、おそらく二十メートル級の車両で、天井がアーチ型で天窓はなく、クロスシートの客席をもつ型ですから、スハ32800形系統の車体でしょう。八ツ山橋の手前は切り通しになっている——そこには権現山公園や東海寺の大山墓地（沢庵和尚、賀茂真淵や澁川春海など江戸の著名人が多く眠っています）もあります——ので、運転席からは左右、さらに橋のせいで上方への視界が悪くなっています。ためらうことなく橋の下をくぐり抜けようとする列車は正面からゴジラの足に激突します。衝撃に飛び転がる車内の乗客たち。脱線転覆した車輌の窓から逃げ出す人々。客車を咥《くわ》えたゴジラが口を開けると客車が転覆した車輛の上に墜ちてきます。ここの〈車輛を咥えるゴジラ像〉もリメイクの際には必ず用いられるモチーフです。

ゴジラ1954と同じ年、『つばめを動かす人たち』という映画が作られています。「つばめ」とは東京と大阪間を走った特急列車で——ＥＦ58型電気機関車に牽引された特急列車は午前九時に東京駅を出発、横浜、沼津、浜松、名古屋、岐阜、米原、京都に停車、終点大阪には十七時に到着しました——その運行のありさまをドキュメンタリー風に描いた作品です。面白いのは、その映画の音楽を担当したのも伊福部昭で、そこで用いられた旋律が平成になって『ゴジラvsメカゴジラ』1993のメインタイトルの主旋律として聴かれることです。ということは、

【ゴジラ聖地巡礼】（品川編—2）
八ツ山橋—その２

列車がゴジラの足に衝突する場面は印象的だが、ちょうど八ツ山橋の下をくぐったあたりで衝突する。

橋をくぐった右手は操車場で、その向こうから上陸したゴジラが歩み寄ってくる。今はゴジラより高いビルが林立している。

これは〈「機械」を表す指導動機《ライト・モチーフ》〉ということでしょうか。その奏でる音楽の重厚さは、まるでメカゴジラが吉良邸に討ち入りでもしそうな音楽でした。ちなみに、伊福部昭の高弟、芥川也寸志《やすし》（作家、龍之介の三男）がＮＨＫ大河ドラマ『赤穂浪士』（原作、大佛次郎《おさらぎじろう》、昭和三十九年1964放映）のテーマ音楽を作曲しています。

列車の場面ですが、冷静に考えれば、品川駅であれだけ暴れているのですから、架線が切れて停電して列車も止まりそうなものですし、ゴジラのあの体型でどうやって地上に転がる車輌を口に咥えることができたのか、あの転覆した車輌の窓から逃げ出せるほど乗客に被害はなかったのか、など納得できないところは数々あります。ゴジラは地上で自重に耐えられるかとかの作品を根底から覆すような話は『空想科学読本』におまかせしますが、しかし、いろいろな「?」が出てきても、それらの理屈を越えて、物語に惹きつけられるのが、この作品の持つ力――この力の極限が『ゴジラ FINAL WARS』2004といっていいかもしれません――でしょう。簡単にいって「面白い」ということです。ここは「面白さ」を個々に表現した場面が組み合わされて並んでいるのだ、というとつまらなく聞こえますが、「怪獣が列車を口に咥える」「列車が怪獣にぶつかる」「怪獣が口から火を吐く」、そういうドキドキする場面を羅列《コード》する中に怪獣の凄さが浮かび上がる。「街が壊される」のも「破壊」という現象の持つある種の開放感あるいは爽快感が観客に共鳴させる要素となって、その画面が観客を惹きつける。そういう作用——古語で言うところの「をかし」（動詞「招《を》く」の形容詞型）です——が、ゴジラの暴れ回るシーンにあります。だから、停電して機関車は動かないのでは？　とか、どうやって口に咥えたのか？　とかいう理屈《ロゴス》より、ゴジラによる街の破壊を描く場面が観客に情感《エロス》としてインパクトを与えスッキリさせることが優先されているわけです。一方で観客に理性を作動させないように、快適《アレグロ》なテンポで次の場面につなげてゆく。それがクリエイター（円谷英二・本多猪四郎と《and》仲間たち《their staff》）の腕の見せどころでしょう。だからこそ、ミニチュアなどにはリアリティ——現実と錯覚させる理屈《ロゴス》——が求められる。ここで用いられる機関車は、東海道線を実際に走っていて、多くの人が知っている型でなくてはならないし、客車は乗ったことがあると誰もが思わなければならないし、街角だって、どこかで見たことのある街並でなくては説得力を持ち得ない。わたしたちが日常的に知っているものを圧倒的な大きさでゴジラは破壊してゆかなくてはならないのです。しかし、その破壊の全体像は、まだ描かれません。ゴジラは海に去ってゆきます。それを呆然と眺める山根博士たちでした。

　ゴジラ上陸の報を受けてでしょうか、羽田空港に飛行機が到着する場面がここで挟まれます。まず映るのが日本航空のダグラスＤＣ６型機です。日本航空は昭和二十五年 1950 に日本の航空会社による飛行機運航禁止措置の解除にともない、翌昭和二十六年1951に設立された航空会社です。さらに昭和二十八年1953に特殊会社として生まれ変わりました。そしてこの年、初めて日本の航空会社による国際線、羽田―ホノルル―サンフランシスコ線が開通して、City of Tokyo号が飛びました。ゴジラ撮影時の昭和二十九年1954八月には、北海道から昭和天皇をお乗せしてのフライトもあり、これは初めての空路を用いた行幸となりました。

次に映るのはパン・アメリカン航空のボーイング377型機で、この航空会社は米軍や政府と強い関係を持っていた航空会社です（平成三年1991に倒産しました）。ここに映っているB《ボーイング》-377型機は「最後の大型プロペラ旅客機」といわれる豪奢な飛行機で、昭和二十九年1954の二月に有名な映画女優マリリン・モンローが来日した際に（新婚旅行でした）、この機種に搭乗してきたとのことです。この飛行機は丸い機首が特徴的ですが、これは設計のベースとなったB-29爆撃機――この「B」は爆撃機を示す記号です――の名残でしょう。つまりB-377型機は、東京を空襲した爆撃機を輸送機に改造して、さらに旅客機ヴァージョンにしたものということになります。ここの映像は、ひょっとしたら右の出来事のニュース映画からの借用かと思いましたが、確認はとれませんでした。

続いて新聞記事の見出しが出て、「各国視察団続々到着」とありますが、右の通り到着する飛行機が紹介されたのは水爆実験を行った「アメリカ合衆国」だけです。

#13 ゴジラ対策

やってきた視察団は特別災害対策委員会室の用意された席に着きます。背後が記者団で萩原記者の姿も見えています。ただし、この視察団はこの後に何の活躍もみせず、作品展開上、有機的な意味が与えられた場面とはいえません。あえて意味を見出すなら、前のパンナム（パン・アメリカン）機とのつながりで、水爆実験の実施国の困惑が示されていると読み取ることができる程度でしょう。

対策本部では対ゴジラ作戦として東京湾岸に鉄条網を張り「五万ボルト」の電気を流してゴジラを感電させることを計画します。鉄条網の設置区間は壁面の地図から判断すれば神奈川から北へ、墨田区・江東区あたりまででしょうか。この時代すでに東京都（昭和十八年 1943 に東京府と東京市とが合併して東京都になっています）区部はそれまでの三十五区から現在と同じ二十三区に再編成されています（昭和二十二年 1947）。なお二十世紀まで、各区は地方公共団体として扱われていませんでした。

鉄条網敷設にともない一キロメートル域内の住人を強制避難させるといいます。画面では品

【ゴジラ聖地巡礼】（品川編—3）
北品川橋（東京都品川区）

八ツ山橋の先から階段を下りてまっすぐ行った先に「北品川橋」がある。ゴジラ襲来から人々が退避している場面で映る橋がこの橋である。

橋の下には船が溜っていて、付近には船宿が多い。

川宿の東沿岸北品川橋付近住民の避難する様子が映しだされます。「防衛隊」（劇中のことば）の兵士がトラックに住民の子どもを乗せたり、混雑する住民の交通整理をしたりしています。「防衛隊」というのは陸上自衛隊を指すのに等しいのですが、「警察予備隊」の後身である「保安隊」が陸上自衛隊に、「海上警備隊」――フリゲート艦を配備していました――が海上自衛隊に、再組織されたのは昭和二十九年1954七月でした。

ゴジラ1954製作の始動として、原作者香山滋のもとにG作品検討用台本執筆の依頼があったのは昭和二十九年1954五月初旬のことでした。中旬を過ぎて脱稿。脚本担当の村田武雄と監督の本多猪四郎がそれを検討して修正を加えて準備稿となり、さらに手を加えて決定稿となるのですが、その段階でまだ「自衛隊」という名称は公的に――新聞などには見えています――成立していません。したがって「自衛隊」という名称が忌避されたというより、使用する時間的余裕がなかったと考えるほうがいいでしょう。ゴジラ・シリーズで「自衛隊」という名称が出てくるのは『キングコング対ゴジラ』1962が最初ですが、昭和シリーズでは『ゴジラ対ヘドラ』1971程度――それぞれ六〇年安保・七〇年安保騒動の直後です――で、あとはゴジラ1954が踏襲されて「防衛隊」として登場する作品の方が多く見られます。平成ゴジラシリーズ以降になると「自衛隊」また「特生自衛隊」（『ゴジラ×メカゴジラ』2002。陸上・海上・航空に次ぐ第四の自衛隊という設定）の名称で対ゴジラ軍として登場します。なおミレニアム・シリーズの『ゴジラ・モスラ・キングギドラ　大怪獣総攻撃』（平成十三年 2001）の「防衛軍」はゴジラ 1954 の「防衛隊」と同じ組織という設定です。

防衛隊の仕事は避難民の誘導ばかりではなく、工兵部隊が対ゴジラ用の鉄条網の建設をしています。工事に費やされる労力と経費は膨大なものでしょう。しかし、それを描くことはありません。必要ではないからです。

ゴジラ 1954 の作品内時間ははっきりしません。ただ尾形が沈没船の知らせを電話でうけたのは（#3）、昭和二十九年 1954 八月十三日のこと——海上保安庁の場面で台詞に盛り込まれていますーーでした。被爆日と終戦日の間に置かれているのは、おそらくは撮影スケジュール上の都合による偶然もあるのでしょうが、一方で意味ありげでもあります。大戸島の場面に未使用場面があって、尾形たちが新吉の家の墓にお参りする場面の中に八月十七日と記された卒塔婆が見えるといいます（『初代ゴジラ研究読本』）。登場人物の服装からみても、八月下旬までには一連の事件は終わっているように見えますから、場面間の時間はかなり速いテンポで進んでいることになります。したがって鉄塔は相当な短期間で建てられたことになりますが、いくら精鋭の工兵隊でも素材準備的に、また人員動員的に作り得ないのではないかと思います。こういう理屈を越えた時間が、ここの箇所を支配しています。ただ、ここは以下のゴジラの暴れる場面にむけて助走しているようなところですから、一連の動きは記号的に受けとめた方が自然でしょう。

「記号的に」という意味は、防衛隊の出撃シーンから「メインタイトル」が流れます。現在では「ゴジラのテーマ」として知られていますが、この場面に充てられていることから理解できるように、本来これは人類がゴジラに正面から向かい合うテーマ、つまり「対ゴジラ」の音楽であって、伊福部自身がそう語っています。したがってこの箇所の画面は、むしろ音楽を基準に読み解くものであって、画面を物語展開の時間軸上におくべきものではなく、いわば『ゴジラ』という楽劇にあって第二幕への前奏曲に充てられた断片的な映像群だと読み解くべきものだと思います。組み立てられる鉄塔、駐屯地を出陣する特車隊（米軍から貸与されたM24型戦車）、搬送される一五五ミリ榴弾砲など人間の「対ゴジラ」の準備の様子が、音楽を説明するための記号《マーク》として時系列等の場面相互の関係性を持たずに羅列されていると見るのです。

＃14 山根の苦悩

こうして改めて「メインタイトル」が流れることで、ここからあらたな幕に入ること、それがゴジラの大暴れであろうことが期待されます。その前に、改めてここまでの問題が再呈示されます。すなわち、山根邸の座敷で、尾形は恵美子さんとの関係をはっきりさせようと意気込んでいます。一方、山根博士が暗い表情で帰宅します。不審に思った恵美子さんが尋ねると、山根博士は答えます。

「なぜ、みんなゴジラを殺すことばかり考えて物理衛生学の立場から研究しようとしないのだ」

すでにゴジラが東京湾に現れたときに提起されていた問題があらためて出されます。山根博士は対策本部でゴジラを研究すべきことを提案したのでした。したがって右の台詞は、内容的には#10と直結しています。ここの場面が流れの上で一瞬つまづくような感じをうけたとしたら、この台詞の内容が#11～#13を飛び越えてしまうところに原因があります。それでもなおこの台詞が置かれているということは、作品にとって重要な場面であることを意味します。

山根博士の意見に、尾形は即座に反論します。恵美子さんとの結婚を許してもらうべく待機していたはずの尾形がなぜ、自分のことを措いて山根博士のことばに反応したのか。尾形が海で働く男だからということはすでに指摘しておきました。ゴジラが生存することは恵美子さんとの結婚後の生活に直結する問題です。個人的ではあっても、生活への影響という点で、この尾形のことばは、対策本部室の廊下にいた陳情する人々、つまり今ここで生きる人々、また未来にむかって生きようとする人々を代表したことばでしょう。太平洋戦争という過去の記憶を蘇生させるゴジラに対して、自由恋愛に生き、オートバイに乗って楽しむような彼には、日本の未来が託されています。以下、売り言葉に買い言葉みたいな展開になって山根博士は自室に引っ込んでしまい、取り残された若い二人ですが、そこに緊急放送が流れます。いよいよゴジラの登場です。山根博士と尾形との二つの意見を提案して、以下、ゴジラを描写して、二つの見解をそれぞれ評価するための判断資料が示される仕組みとなっているわけです。

#15［ゴジラ再び上陸］〜#18［ゴジラ隅田川へ］

ブローニングM一九一九機関銃を構えた防衛隊兵士が待機する中、コントラファゴットの序奏にあわせてゴジラが出現します。機関銃の掃射をものともせず、ゴジラは上陸して歩みを進めます。ここでピアノ低音部のトーンクラスターに乗ってゆったりと重々しく演奏されている低音楽器の旋律が、本来のゴジラのテーマです。

トーンクラスターというのは二十世紀初頭にヘンリー・カウエルやチャールズ・アイヴズらが探求した和音のことで、早い話がピアノの鍵盤を一斉にダーンと鳴らして出る音です。出てくる和音は調性のあるものではなく音の塊となります。先述したTV番組『音で怪獣を描いた男——ゴジラvs伊福部昭——』の中で実演された映像をみると、肘や腕で弾く奏法ではなく、五本の指で隣接した鍵を同時に鳴らすように弾いていたので、あるいは和音が指定されているのかもしれません。カウエルによればトーンクラスターとは「二度の和音の集合」だそうです。つまり隣り合った音同士の和音の集合です。効果音的ですが、ゴジラのテーマという観点から見れば、すでに指導動機として打撃音によるゴジラの「足音」がありました。これをトーンクラスター的奏法でピアノが受け継ぎ、コントラファゴットの旋律に調和するように仕組まれてゴジラのテーマが奏でられます。

伴奏にあわせて上陸したゴジラは鉄条網にむかって進みます。高圧線に触れる直前、音楽が消えます。伊福部昭の弟子、和田薫は伊福部の音楽設計では音楽を切らずに高圧線をものともせず破壊するゴジラの圧倒感を表現するはずだったと言っていますが（『初代ゴジラ研究読本』）、演出的にはこの沈黙の効果は絶大です。音楽的にいえばゲネラル・パウゼ（全休止）で、ブルックナーが得意としていますし伊福部も『リトミカ・オスティナータ』で用いていますが、無音によって緊張感を集約して高める効果があります。相撲の、見合って、立ちあうまでのあの一瞬の間のようなもので、ここはゴジラと人間との勝負開始を告げる緊張の沈黙です。そして電源のはいる映像とスイッチ音。電気のはぜる音。ゴジラの鳴き声。ゴジラは鉄条網を破り、白熱線で鉄塔を飴のように溶かします。くにゃくにゃと曲がる鉄塔の描写は世界的にもつよいインパクトを与えた特撮映像だといわれています。

ゴジラの上陸地点は、背後にやはり御台場が見えていますが、今回は画面右手に陸地が見えるので、御台場ラインを越えての上陸だと思われます。つまり今のレインボーブリッジの下付近、ゆりかもめがブリッジにむけてループを描くあたり——芝浦——から上陸していったと推定されます。鉄条網を突破したあとは、現在の国道十五号線、東海道を日本橋方面に上っていったのでしょう。芝、新橋へとゴジラは街を壊しながら歩いてゆきます。そこで壊される街の精巧なミニチュア、また瓦一枚一枚が崩れ落ちるのを描く精緻な壊れ方。円谷特撮の粋《すい》が楽しめます。とくに倉庫破壊の場面。屋根を突き破って足が踏み込まれる描写は、大戸島でも見られましたが、怪獣映画では定番《おなじみ》——これは樋口真嗣監督が気に入っているようで、学生時代の作品『八岐大蛇の逆襲』（昭和五十九年 1984）から『ガメラ』（平成七年 1995）に至るまでこの構図を愛用しています——となっています。

港区を蹂躙するゴジラですが、ここではゴジラの全身が映ることはありません。足のみ、尻尾のみ、あるいは頭部越しの鳥瞰で逃げる群衆を描きます。撮影上の都合——最初の着ぐるみ

【ゴジラ聖地巡礼】（お台場編—2）
第三台場から第六台場を望む

第三台場から第六台場を結ぶラインの左側（写真、夕日の沈む付近）がゴジラが最初に上陸した品川、右側（写真、レインボーブリッジの橋桁の間）が二度目に上陸した芝浦になる。

は二百キログラムほどあってほとんど動けなかったということはよく知られています——もあったのでしょうが、全身を映さないことで、かえって逃げる人々に焦点があてられる結果となりました。

ところどころ迎え撃つ防衛隊の特車隊も描かれます。「特車」というのは戦車の言いかえで、昭和二十五年1950、警察予備隊組織の際には、フリゲート艦同様、アメリカ軍《US Army》から戦車の供与を受けています。しかし、戦争放棄を謳う新憲法上、戦闘用車両の配備ができないので、特殊車両扱いで「特車」と呼称しました。現在では、警視庁機動隊に装備される特殊車両が「特型警備車」を省略して「特車」と呼ぶので——『機動警察パトレイバー』（押井守、伊藤和典ほかヘッドギア原作）に登場する「特車二課」の「特車」はこれです——自衛隊では「戦車」の呼称を用いています。

また、炎上する街を守るため消防車も出動しています。ニッサン一八〇という型で、本格的な国産の消防ポンプ車第一号といわれる車両です。現在、高輪消防署二本榎出張所に同型車両が保存されていますが、昭和十六年1941に製造され、昭和三十九年1964まで活躍した車両で空襲火災の消火活動にも働いたそうです。ゴジラ1954で走り回って活躍しているのがこの型の消防車です。

ニッサン180
（高輪消防署二本榎出張所）

港区湾岸部を炎上させながら、ゴジラは新橋を通って銀座に向かいます。全国の商店街に「〔地名〕銀座」と名乗る商店街が多いように、代名詞にさえなる日本で最も有名な繁華街です。古くは江戸時代の貨幣鋳造所があった場所で「新両替町」とも言われていました。ただし、画面に映っている銀座は「新両替町」側ではなく、ゴジラ進入路の新橋方面で「尾張町」「竹川町」と呼ばれた地域です。銀座は明治初年に大火にあったのをきっかけに都市開発が行われ、煉瓦建築による街並を得ました。鉄道駅の新橋と商業地区の日本橋をつなぐ位置にあって文明開化を視覚的に訴えるようなモダン《近代的》な都市計画です。街路樹としては柳——後に銀杏、プラタナスと変わり（だから『東京行進曲』では「昔恋しい銀座の柳」と歌われました）昭和前期にまた柳に戻ります——が植えられました。しかし大正十二年 1923 の関東大震災で壊滅します。再開発が計画されたものの、昭和通りと晴海通りの拡幅程度でおわり、街区は明治の道筋を残したまま復興、さらに昭和二十年 1945 には数回の空襲を受けて炎上しています。

銀座四丁目交差点にある「銀座和光」——株式会社和光の経営する商業施設名——ビルは関東大震災後の復興で建てられ、その屋上の時計台が銀座を象徴する景観を今でも保っています。明治十四年 1881 に創業の服部時計店（現在のセイコーホールディングス）がこの地にあった朝野新聞社屋を買い取り、明治二十七年 1894 に時計台を乗せ、翌年から本店として営業を始めました。服部時計店は時計以外にもカメラ等の小売販売も行っており、昭和二十二年 1947 に販売部門が「和光」として独立して「銀座和光」と呼ばれる商業施設になったのです。時計台は正午にウエストミンスターチャイム——ロンドンの国会議事堂（ウエストミンスター宮殿）の時計塔の鐘です。つまり、学校の授業開始のチャイムとして広く用いられているあの有名なキンコンカンコンです——を奏でますが、この鐘が奏でられるようになったのは昭和二十九年 1954 の時の記念日——六月十日。大正九年 1920 に『日本書紀』巻二十七、天智天皇御即位十年四月辛卯日条に基づいて（四月辛卯日を現在の暦の日付に換算すると六月十日になります）制定されました——以来のことで、つまり、ゴジラがこの鐘に反応して齧《かじ》り壊しますが、時代の最先端——銀座の新しい名物として話題になっていたはずです——がここでも取り入れられています。ただし、午後十一時に鐘がなるのは演出でしょう。

ゴジラが銀座四丁目にやってくる前に、新橋方面を映していますが、松坂屋デパートのビルが建っています。銀座松坂屋は慶長十六年 1659 創業の「いとう呉服店」——創業者は織田信長の小姓を務めていた伊藤蘭丸祐道——からの伝統を持つ小売業者で本拠地は名古屋。銀座に進出したのは大正十三年 1924 です。余談ですが、いとう呉服店は明治四十四年 1911 にいとう少年音楽隊を編成して文化活動を始めますが、この音楽隊の後身が東京フィルハーモニー交

【ゴジラ聖地巡礼】（銀座編―1）
銀座四丁目交差点、服部時計店

鐘が鳴ってイラついたゴジラがカジカジする時計台は銀座のシンボルとして健在。

この建物の前の地下鉄入口も映画の中に登場していて、時計台が破壊されたとき、上から石塊が落ちてきて地下に逃げ込む防衛隊員ともどもつぶされている。

【ゴジラ聖地巡礼】（銀座編—2）
松坂屋跡地

ビル陰の婦人がいるのは松坂屋の裏らしい。2014 年、銀座を代表するデパートだった松坂屋は閉店して姿はなく、建物すら失われていた。

響楽団です。また、金融部門の伊藤銀行は名古屋銀行、愛知銀行と合併し東海銀行となり、現在は三菱東京ＵＦＪ銀行になっています。

その由緒ある百貨店のビルの陰に風呂敷包みを置いて子どもを抱え途方にくれている婦人がいます。荷物があるところをみると避難する意志はあったものと思いますが、間に合わなかったのでしょうか、子どもを守るために安全そうな大きな百貨店のビルの陰に隠れたということでしょう。しかし、ゴジラは情け容赦なく松坂屋ビルを破壊します。降り落ちてくる瓦礫の中で子どもたちを守るように抱きしめながら、空を仰いでつぶやきます。

「お父ちゃまのところへゆくのよ、お父ちゃまのところへ」

そこで彼女が戦争未亡人であることが理解されます。子どもは十歳くらいでしょうか。おそらく父親の顔は知らないでしょう。太平洋戦争末期、この子の父親、婦人の夫は出征して、戦死したのだと思われます。「出征」とは戦場へ赴くことですが、太平洋戦争末期には戦況の悪化に——大本営（総司令部）は勝利の報道を流していました。情報の秘匿と操作が行われたわけです。＃17の大山委員の発想はその延長上にあります——兵士を次々に投入せざるを得なくなりました。すでに兵役を終えた年配者や、まだ若い男性、学徒らのもとに赤い紙に印刷された「召集令状」が届くと軍隊に入って戦わなくてはなりません。集落の人々は国を——わたしたちを——守るために選ばれた名誉ある戦士を「萬歳《バンザイ》」をもって送り出したのです。
召集され戦地に赴かされたのは太平洋戦争だけではありません。日清戦争、日露戦争でもそうでした。明治三十七年 **1904** に、こんな詩を詠んだ歌人がいます。

あゝおとうとよ、君を泣く　君死にたまふことなかれ
末に生まれし君なれば　親のなさけはまさりしも
親は刃をにぎらせて　人を殺せとをしへしや
人を殺して死ねよとて　二十四までをそだてしや

（第二連、省略）

君死にたまふことなかれ　すめらみことは戦ひに
おほみずから出でまさね　かたみに人の血を流し
獣の道で死ねよとは　死ぬるを人のほまれとは
おほみこころのふかければ　もとよりいかで思されむ

あゝおとうと よ戦ひに　君死にたまふことなかれ
すぎにし秋を父ぎみに　おくれたまへる母ぎみは
なげきの中にいたましく　わが子を召され、家を守り
安しときける大御代も　母のしら髪はまさりぬる

暖簾のかげに伏して泣く　あえかにわかき新妻を
君わするるや、思へるや　十月も添はで別れたる
少女ごころを思ひみよ　この世ひとりの君ならで
ああまた誰をたのむべき　君死にたまふことなかれ

（与謝野晶子「君死にたまふことなかれ」『明星』掲載）

最後の第五連に、ゴジラ1954の「ビル陰の婦人」の置かれた立場の女性が描かれています。また第四連では女性の立場が記されています。「新妻」は一年に満たずに夫を戦地に送らなければなりません。「母ぎみ」は家を守らなければなりません。

ビル陰の婦人の結婚事情は描かれていません。しかし、夫は戦地に赴かねばならないからこそ急ぎ結婚し、子どもを遺したのだろうと想像されますし、そう思ってこそ、右の台詞、「お父ちゃまのところへいくのよ」という表現を読み解くことができるでしょう。夫の忘れ形見である子どもを守るべくともに逃げてきて、逃げ切れずに、それでも生きるべく安全そうなビルの陰で身を守っている。それをゴジラが壊してゆく。この絶望の中に発せられたことばです。

彼女の最期は描かれていません。

NAGASAKI で命拾いをした女性、戦争に耐えてきた女性、この作品はしつこく太平洋戦争の記憶を蘇らせてきます。このビル陰の婦人の姿は、ゴジラが生きている限り、尾形と結婚した恵美子さんの未来の姿になるかもしれないのです。

銀座四丁目で時計台を壊したゴジラは数寄屋橋――菊田一夫脚本のラジオドラマ『君の名は』の舞台として有名です。放送時間が始まると銭湯の女湯から人が消えるという都市伝説を残すほどのヒット作で昭和二十七年 **1952** に放送、昭和二十八年 **1953** から二十九年 **1954** にかけて映画化されて大ヒットしました。空襲の中めぐりあった男女のすれ違いの物語です――を渡り、日劇を尻尾で壊し、国会議事堂に向かいます。途上、対策本部が置かれていたらしく、ゴジラの襲来に退避する場面が置かれています。テレビ中継も入っていますが、これはゴジラの移動

【ゴジラ聖地巡礼】（数寄屋橋編―1）
数寄屋橋跡（東京都千代田区）

コントラファゴットの音にあわせてゴジラが橋の上を歩くと、橋下の運河の水面が波立つ場面は、『君の名は』の舞台としても知られた数寄屋橋である。もはや運河は埋め立てられ道となり、写真中央の交差点がその跡なのだが跡形もない。交差点脇の交番は屋根にマチバリが刺さったデザインの交番として有名。その奥の建物がマリオンで、かつてここに「日劇（にちげき）」――日本劇場の略――があった。

【ゴジラ聖地巡礼】（数寄屋橋編—2）
日本劇場跡（東京都千代田区）

数寄屋橋を渡ったゴジラが尻尾で破壊する建物が日劇で、昭和 8 年 1933 に建設され曲面を持ったヨーロッパ風の外観デザイン（渡辺仁設計）がアールデコ調の内装とともに魅力だった。JR 山手線有楽町駅前にあり、収容人員 4000 名の高級映画館として、また日劇ダンシングチームによるレビュウや芸能人のショーの舞台として戦後は東宝が経営し、芸能人にとって、その舞台は聖地でもあった。老朽化で昭和 56 年 1981 に解体。現在のマリオンに建て替えられた。東海道新幹線で東京駅につく直前に 3 列シート側の窓の外に見え、ある意味、東京を代表するような建物で、現在のマリオンになってもそれは変わらない。「日本劇場」の名はマリオンの映画館に遺る。

を遠景で撮っているので、内幸町の東京放送会館あたりからの眺めかと思います。脚本には「放送局の屋上」とあります。東京放送会館は昭和二十八年 1953 二月に初めてテレビ放送が開始された場所です。

テレビ中継はもう一箇所からなされていて、ゴジラが国会議事堂を壊した直後の鉄塔の上からの場面となります。国会議事堂は銀座から有楽町、日比谷を通って斜面を上っていった先にありますが、その延長上やや右手よりに平河町があります。現在、国会議事堂の裏に議員会館があって、その両側、議事堂側から見て左側に首相官邸、右側に自民党本部がありますが、自民党本部方面にむかうと赤坂の上にでます。その先が平河町で、現在、ＮＨＫの千代田放送会館がある地に昭和二十八年 1953 に高さ百七十八メートルの電波送信塔が建てられました。ここからテレビ放送が送信されたのです。

この電波塔の場面も有名です。ゴジラに襲われる実況中継。カメラにはＧＨＫとあります。なお昭和二十九年 1954 現在でテレビ放送を行っていたのはＮＨＫと日本テレビだけです。日本テレビ（ＮＴＶ）のテレビ塔は麹町《こうじまち》にありました。麹町は平河町の北にあたり、ＮＨＫのテレビ塔とは歩いて十分程度の距離になります。

ここは顔に汗をかいたアナウンサー（橘正晃）の中継場面が印象的です。

【ゴジラ聖地巡礼】（永田町編—2）
国会議事堂裏（東京都千代田区）

東京メトロ半蔵門線「永田町」駅下車で参議院宿舎脇に出ると国会議事堂の裏手にでる。銀座を壊滅させたゴジラが国会議事堂を正面から破壊するのを国会議事堂の裏から撮っている。脚本では「赤坂上」とあるが、カメラ位置は自由民主党本部の位置から望遠で撮ったと考えるのが構図的に一番ふさわしい。

「右手を鉄塔にかけました。ものすごい力です。もう最後です。みなさん、さようなら！」

ゴジラが鉄塔を壊し、アナウンサーもカメラマンたちスタッフも地上に落ちてしまいます。報道という仕事に命を捧げる姿が描かれています。この台詞のある場面をピークとして、あとは勝鬨橋《かちどきばし》を壊して海へ帰ってゆくシーンとなります。

芝浦あたりに上陸して、東海道を北上、銀座四丁目で左に曲がり、日比谷、桜田門を経由して永田町、平河町と、皇居の南辺を廻ったあと、勝鬨橋の破壊の場面につながるのですが、勝鬨橋は銀座四丁目交差点を、右に曲がって歌舞伎座の前を通った先にある橋です。築地と月島とを繋ぐ橋で、日露戦争旅順攻略（明治三十八年 **1905**）記念でまず渡し船による「勝鬨の渡し」が設けられます。日露戦争勝利の「勝鬨《かちどき》」です。昭和四年 **1929** に架橋計画が立ち上がり、水運の関係から可動橋となりました。可動橋というのは、船舶が通る際に、橋を持ち上げて通すことができるからくり仕掛けの橋です。勝鬨橋は左右に跳ね上がる形でした。ちょうど昭和十五年 **1940** の皇紀二千六百年奉祝へむけての機運があって、東京万国博覧会の月島会場予定地への通路ということもあり、日本の技術力を注ぎ込んで建設されました。開通は皇紀二千六百年 **1940** です。

銀座四丁目を左に曲がったゴジラは、右に曲がった先に戻ってくるのですが、平河町から先

はテレビ中継——芹澤博士が研究室で食い入るように見ています——のアナウンスで、

ついに大東京の中心部を火の海と化したゴジラは、上野から浅草にぬけ、隅田川を南下、

海上に逃れる模様であります。

といっているところから、麹町から市ヶ谷、飯田橋、上野、浅草と廻って隅田川を下ったということになるのでしょう。皇居の外側を大きく一周するコースとなります。ここで、永田町、平河町から隅田川（勝鬨橋）へ飛躍したために、いいかえれば皇居を迂回するようなコースを想像させるようになったために、ゴジラの進路が太平洋戦争の東京空襲時のB‐29爆撃機の侵入経路に重なっているとか、あえて皇居を避けているとか、多くの解釈を生み出すことになります。でも、皇居北側部分の破壊が描かれないのは、すでに街の破壊の場面が、民家、ビル、話題の建築物、報道施設と十分に東京の街の破壊が表現できているからであって、あとは経路をことばで示すことで、ゴジラの被害が東京の上に面的に広がっていることを示せば十分だからでしょう。なお、アナウンスは「大東京の中心部」とだけ言っているので、皇居の安否は観客の想像に委《ゆだ》ねられています。

勝鬨橋をひっくりかえしたゴジラは海に帰って行こうとします。それら一切を眺めていたらしい山根博士たちが映ります。新吉が「ちきしょう、ちきしょう」と嗚咽します。その声は明

【ゴジラ聖地巡礼】（勝鬨橋編）

下流、築地市場の対岸より望んだ勝鬨橋。左右の丸いアーチの間の部分が左右に跳ね上がるようになっていた。写真左方向が築地から銀座方面、右方向が今ではもんじゃ焼きで知られた月島方面となる。

橋の西詰、「かちどき　橋の資料館」の前には明治38 年 1905 に建てられた勝鬨の渡し設置の記念碑が残されている。

らかに山根博士に聞こえているようです。高輪付近に住んでいる山根博士たちの避難先は御殿山付近でしょうから、遠く勝鬨橋まで見渡していたことになります。当時は高いビルはなく、街を焼く炎にゴジラは照らされて明るいでしょうし、現在のレインボーブリッジからの景観を参考にすれば、視線の方向が上向きなのは気になりますが、十分見えたはずです。

ですが地理的な問題よりもここは山根博士がゴジラの様子を目撃していることが物語展開上、重要です。まだ尾形と山根博士の意見の対立の決着が着いていないからです。

新吉は母と兄とをゴジラの被害にあって失っています。行き場のないところを尾形と山根博士に世話してもらっているようです。山根博士の身近にいるこの少年の「ちきしょう」に込められた思い。「ちきしょう」というのは口惜しさの表現です。親の仇を前に口惜しがる者の存在が、聴覚として山根博士を襲います。研究対象にするの何のといっている間はまだ、ゴジラと山根博士との間に冷ややかな距離——観察者と被検体という関係——があります。しかし現実に火の海となってゆく東京都心部を目の当たりにしている山根博士の耳に届く身近な直接被害者の肉声。山根博士が目を見開いているのは、自身の考え——学問的論理——と現実——直接関係者の感情——とに乖離《かいり》が感じられたからでしょう。

そこにジェット戦闘機が飛来します。Ｆ86Ｆセイバー戦闘機。名機です。海上自衛隊、陸上自衛隊に次いで、航空自衛隊の登場です。

航空自衛隊は、海軍、陸軍の伝統がある海上自衛隊、陸上自衛隊に対して、歴史を持っていません。旧日本軍は海軍、陸軍にそれぞれ飛行隊を持って戦っていました。自衛隊発足にともなって、独立した空軍として発足したのです。

おそらく海上なので空中からの攻撃が可能——四十数年後の作品『大怪獣総攻撃』2001では地上で航空機による戦闘を行いゴジラの熱線で破壊された戦闘機の残骸が地上に落下し部屋に明かりがついている民家を破壊する場面があります——と判断されたのでしょう、ゴジラに対してミサイル攻撃を行いますが、地上から、「いいぞ、やっちまえ」という声援をうけながらも全く相手になりません。ここでまた「メインタイトル」が流れます。この曲はゴジラの荒れる場面の最初と最後とに置かれていることになります。ゴジラは海に消えて、むなしくジェット戦闘機が宙を飛びます。

巻の四、平和への祈り —— 終結部

#19 東京の惨状 〜 #22 乙女たちの歌声

ゴジラの去った東京の姿。わたしたちには昭和二十年1945八月七日の広島——本多猪四郎監督は復員（戦地に赴いていた兵士が任務を解かれ帰郷すること）の時に原爆後の広島を目撃しています——あるいは平成二十三年2011三月十二日の陸前高田の景色が重なって見えるはずです。東京が焦土と化したのは、昭和二十年1945のたび重なるB‐29爆撃機から落とされた焼夷弾による攻撃、とくに三月十日の大空襲の凄惨さは今に語り継がれています。ゴジラが破壊したのは、直接には品川、芝、新橋、銀座から永田町、平河町、そして勝鬨橋が描かれていますが、この景色はそれらの地域を越えての面的広がり——ゴジラによる被害は基本的に線状になるはずです——を感じさせます。

荒寥とした焼野原に重なって伊福部昭の、重々しいゆったりしたテンポの音楽——この曲想を「伊福部レント」と呼ぶのだそうです（和田薫談――『初代ゴジラ研究読本』）――が流れます。チェロがひとしきり旋律を奏でたあと、オーボエが高音で次の旋律を重ねます。音楽は途切れることなく、対策本部衛生班の建物に運び込まれる負傷者、廊下――内部の場面は別の建物を利用しての撮影だったそうです――に寝かされる負傷者。子どもの脇でガリガリ鳴るガイガーカウンター――相変わらず田辺博士は淡々と仕事しています――の様子を映し出します。業務連絡では「南海汽船の尾形さん」が呼ばれています。その中で、頭から血を流してよこたわる婦人の顔。首を横に振る医師と俯く恵美子さん。そして沸き起こる女児の悲しい泣き声。「お母さん」と呼んで泣いています。人間に焦点を絞ったこの数十秒の場面が、ゴジラの破壊シーンの、ある種の爽快感すらともなっていた気持ちの高揚を鎮静させ、反省させる効果を発揮します。ここに、この作品を名作にさせたからくりがあります。

　なきじゃくる女児を抱き上げ、なぐさめにもならないことばをかける恵美子さんは、尾形を階段の踊り場に連れ出します。ここから若い二人の舞台《ターン》になります。惨状を見かねて、恵美子さんは芹澤博士の秘密の研究成果――水中酸素破壊剤《オキシジエン・デストロイヤー》。酸素を破壊して水中の生物を白骨化、溶解させてしまう薬品のようです――について口外します。それをうけて尾形は恵美子さんと芹澤科学研究所――ゴジラの被害をうけていないので、二人の行動に要する時間を考慮すれば

【ゴジラ聖地巡礼】（白金台編）

東京大学医科学研究所（東京都港区）

重傷者が運ばれる「対策本部　衛生班」と台本に示された箇所のロケで登場する建物は、東京メトロ南北線「白金台」駅下車すぐの東京大学医科学研究所の敷地内に残っている。建物自体は2014年現在、立ち入り禁止となっている。

品川付近から北西方面、東急線沿線から小田急線沿線にかけてのどこかに設定されていると思われます——に赴きます。

「やあ」とさわやかな笑顔で出迎える芹澤博士。声をかけるのは尾形ですが、「なんだ、君も来ていたのか」というあたり、芹澤博士は恵美子さんしか眼中にないようです。ゴジラの生んだ惨状とは無縁のように——実際は研究室のテレビで惨状を見ています——見えます。

このとき、尾形が「お願いがあります」と言うと、芹澤博士は一瞬固まって「まあ、座りたまえ」と返事を留保しています。おそらく尾形と恵美子さんとのことについての話だと思ったのでしょう。

しかし、尾形が「水中酸素破壊剤《オキシジェン・デストロイヤー》を使わせて下さい」と続けると顔をこわばらせて、

「なんだ、水中酸素破壊剤《オキシジェン・デストロイヤー》って。ぼくにはぜんぜんわからんね」

と台詞棒読みで答えるのは、萩原記者に答えた以上に肯定臭がただよっています。このとき視線を恵美子さんにむけますが、非難やら尾形と恵美子さんとの仲——自分の秘密を尾形に話せるくらいの親密性——への不満やらが籠っています。

恵美子さんが約束を破った理由——泣きじゃくる女児に象徴される東京の惨状への憤り——を話すと芹澤博士は、地下の実験室に引っ込みます。かけられた鍵をやぶって中に入る尾形と

恵美子さんは芹澤博士が何かを燃やそうとしているのを発見します。それを止めようとした尾形ともみ合い、何かがあったらしく尾形が傷を負い額から血を流していて、恵美子さんに介抱されています。それを見て芹澤博士は尾形に秘密にする理由を語ります。ゴジラ1954で、最も注目される場面です。この作品の評価に直結する芹澤博士の台詞。

「尾形、もしも一旦この水中酸素破壊剤を使ったら最後、世界中の為政者たちが黙ってみているはずがないんだ。必ずこれに飛びつき、人類を破滅の淵に追い込む武器として使用するにきまっている。原爆対原爆、水爆対水爆、その上さらにこの新しい恐怖の武器を人類の上に加えることは科学者として、いや一箇の人間として許すわけにはいかない」

これに尾形は反論します。反論の要点は二点。まず、「目の前の不幸はどうすればいいか」という点。次に「ここで使用しなくてもあなたが絶対に公表しない限り、破壊兵器として使用される恐れは無い」という点です。

第一点は、すでに山根博士とも争われながら、ゴジラの登場で先送りにされていた問題です。研究が一般人の目の前のことに対してどれだけ即効性を有するかという問いは、学問の存在価値そのものに結びつく問題です。山根博士の、核におびやかされる人類のためにゴジラを研究しよう——殺すべきではない——とする主張は、あの泣きじゃくっている女児に対して、どれだけの価値をもつのか。

研究という営為は「物理衛生学」や酸素の研究だけでなく、政治学にしても法学にしても、文学にしたって時間のかかるもので、時々刻々と変化してゆく「目の前のこと」に対して働きかけることはできません。即時対応できるのは、長く時間をかけた研究の成果に基づいて構築された論理だけです。論理を生み出すのは、ひらめきさえやってくれれば、数ヶ月でもできますが、ひらめきを生むための基礎研究は、失敗を繰り返し果てしなく長く続くものです。報告できるほどの成果はすぐに表れるものではなく、だからそれを一年単位で報告せよと求められても報告できるものではありません。それを求めるものでもありません。

ついでにいえば、子育てや教育も同様です。育てた子どもが義務教育を経て、その成果が世の中にむけて発信できるのは、人格が落ち着いて社会にでて、いろいろ働かされて経験を重ねてからのことで、つまり二十年後、三十年後に影響力を持ち始めます。教育の結果は五十年たたなくては評価できません。二十一世紀になった現在、やっと二十世紀半ばの教育成果に評価が与えられようかという時期になりました。たとえば、昭和二十一年1946生まれの菅直人、昭和二十二年1947生まれの鳩山由紀夫という政治家――戦後教育の第一世代になります――が世の中に対して大きな影響力を持ったのは平成二十二年2010年前後のことです。また、この世代の人々が教育の現場で活躍しだしたのは大学を卒業した昭和四十年代後半から昭和五十年代にかけてからで、その世代に教えられた子どもたちが、現在五十代になりました。受験戦争を経験し、バブル経済に舞い、その後の「失われた二十年」に社会で地歩を固めてきた世代です。そしてかつて「新人類」「超人類」と呼ばれたオタク第一世代でもあります。

「失われた二十年」の間には「ゆとり教育」も行われました。この教育で育った世代が、いまやっと世の中にデビューしてきました。彼ら彼女らが世の中に対して何をどうしてくれるのか。それが確認できるのはまだまだ先の話です。いまはまだ、戦後教育の生み出したものを判定・評価しなくてはならない時期です。

研究や教育は人の一生単位で醸成されてゆくものです。拙速に考えたり行動したり評価したりするものではありません。

話を戻します。

尾形の反論の第二点は、芹澤博士が黙っていれば兵器利用はされないということでした。これに対して芹澤博士は曖昧な表現ですが、切り返します。

「尾形。人間というものは弱いものだ。一切の書類を焼いたとしても、俺の頭の中には残っている。俺が死なない限り、どんな事で再び使用する立場に追い込まれないと誰が断言できる?」

「人間というものは弱いものだ」というものの、どう弱いのかは明確にされていません。しかし、「再び使用する立場に追い込まれ」たとき、沈黙の意志がくじかれるということが後半のことばからうかがえます。「説得されてしまう弱さ」かもしれません。あるいは「賞賛」「名誉」といった承認欲求かもしれません。いや、承認欲求――背後にはアイデンティティの問題があります――が、「説得されてしまう弱さ」そのものなのかもしれません。芹澤博士自身の承認欲求については、無自覚かもしれませんが、

「もし、これが使えるくらいなら、誰よりさきにこの俺が持って出た」

と、はっきり表明しています。

〈人間の限界〉の次元で答えられてしまったことで、尾形は再反論ができなくなります。ここで示された解決法は「俺が死なないかぎり」つまり〈自分の命と引き換え〉というものだからです。

膠着状態になったところで、突然テレビから被害者への鎮魂番組が流れ出します。「鎮魂」とは魂を鎮めること。もともとは生者の身体から離脱しようとする魂を体内に落ち着かせる――鎮める――意味でしたが、今は死者の落ち着きどころの無い魂を静かにやすらかに落ち着かせ

るという意味も持っています。

「やすらぎよ、ひかりよ、とく帰れかし。本日、全国で一斉に行われました平和への祈り。

これは東京からのひとこまです」

とアナウンサーの解説——台本決定稿には見られない台詞です——があり、再び伊福部の音楽が流れだします。

重い物語展開に圧されて気付きにくいのですが、画面上ゴジラ被害者への追悼、鎮魂と思われる番組なのに、「平和への祈り」というのは不自然です。ゴジラによる東京破壊は「平和」の対にあるできごと——戦争・擾乱——といえるでしょうか。この事件は巨大生物が歩き回っただけのことで、いわば災害です。台風や地震、津波と同じカテゴリに分類されるとすれば、ここで「平和」と名づけられているのは、ゴジラを単なる巨大生物ではなく、「平和」の反対にあるもの、「戦争」という属性を具えたものとして捉えていることになるでしょう。ここまでの物語で幾度となくゴジラによって想起されてきた太平洋戦争の記憶、水爆実験の申し子という性格を指して、その対となる「平和」ということばを出してくるところに本作品の自注——自分で自分に対してコメントする——的意味が見出せます。前にも触れましたがゴジラの事件は八月十三日から十五日をはさんで数日の間の出来事と思われます。

テレビ画面に映るのは「東京の惨状」の場面であり、空爆を受けた街を思わせる光景です。研究（学問）は「現在」に対してどうあるべきか。確認するかのように、ラジオの前で合掌する人々が映り、問題を責め立てます。そして重厚な音楽を前奏として、女声合唱が流れ出します。

合唱団は桐朋《とうほう》学園の女子生徒です。桐朋学園は東京都国立市に男子部門（桐朋中学校高等学校）――わたしの母校です――が、東京都調布市仙川に女子部門（桐朋女子中学校高等学校）と音楽部門――指揮者小沢征爾の母校として有名で、桐朋といえば音楽というのが一般通念でしょう――とがあります（音楽部門は富山県にもキャンパスがあります）。戦前は山水《やまみず》中学校、山水女子中学校と呼ばれて、軍の将校の子女のための学校でした。山は陸軍、水は海軍を意味します。戦後は東京教育大学（国立大学）の協力校としてスタートし、「桐」（＝国立大学。皇室が用いる菊の御紋の裏紋で、国立関係機関で用いられています）の「朋」（＝友。協力校を意味します）と名乗ったのだと聞いたことがあります。

ここでは仙川の女子部の講堂を用いて撮影された伊福部指揮による桐朋女子の合唱場面が用いられています。ひとしきり流れたところで、芹澤博士はテレビ――やはりユタカテレビ印の受像機です――のスイッチを切り、静かな声で、

「尾形。君たちの勝利だ」

と告げ、研究資料を暖炉に焼《く》べます。処分にあたって、書類の一枚一枚に目を通す芹澤博士。文系とはいえ同じ研究職にある身にとって、この場面はいたたまれません。我が子を、人類の平和のために殺すようなこと――例えば、指名手配になったお世話になった方の子の身代わりとして自分の子を人知れず入れ替え、その生首を自ら検分する「寺子屋」の松王丸（並木宗輔ほか『菅原伝授手習鑑』）、あるいは同様に自分の子をお尋ね者の身代わりとして差し出す「鮨屋」の権太（同じく『義経千本桜』）のような境遇です。彼らが我が子の命を差し出すのは、人類のためではなく、主君のためですが、大切な人々のためという気持ちに違いはありません――が強いられています。でも強いているのは芹澤博士本人です。彼なりの、「問題」（学問は「現在」にどう対処するのか）に対する解答が、これです。そして、死を決意したな、と予感もさせます。尾形は気付いてないようですが。また、ここで恵美子さんが嗚咽するのは、学者の娘として研究成果のもつ重みへの理解と、そのきっかけをつくってしまった自責の念などによるものでしょう。恵美子さんは芹澤博士を二度裏切っています。一つは尾形との自由恋愛。そして水中酸素破壊剤研究の暴露。その罪を自覚した涙と読み解きたいと思います。

#23重大な瞬間～#24水中酸素破壊剤

場面は一転して陽気なアナウンサーの声が響く海上。陽気に聞こえるのはマイクの精度や放送条件——航行する船の甲板——との関係でしょう。「フリゲート・マーチ」を伴奏に声を高めにして音を通り易くし、滑舌もはっきりさせての発声ですから陽気に聞こえてしまうのだと思いますが、一方でゴジラとの最終決戦にむかう戦意高揚の効果も発揮しています。

ゴジラを捉えてからの場面は海上と海中とが交互に続くだけで、しかも海中の場面は台詞もなく潜水服の二人が飛び跳ねるだけの地味なものとなります。ゴジラには、もはや「足音」も「ゴジラのテーマ」も充てられていません。たまに甲板上の会話があっても、基本的に淡々と尾形や芹澤博士たちの姿が描かれるだけです。

そして水中酸素破壊剤《オキシジェン・デストロイヤー》の発動。予想通り、芹澤博士は命綱を断ってゴジラと運命を共にします。かすかにひかえめに「平和への祈り」の旋律が聞こえてきます。ゴジラが姿をみせると音量も上がります。先述のトーンクラスターによるテーマも静かに重なります。そして、水中酸素破壊剤によって苦しむゴジラが海上に姿を現すところで、ゴジラは作品内でもっとも長い「鳴き声」を発します。単調な低音のピアノの響き《トーンクラスター》——ゴジラの動機《モチーフ》——の重たさに重なるような重たさが出ています。芹澤博士の死ということも背後にあるでしょう。

その空気を全く無視する調子で、アナウンサーが昂奮して叫びます。

「この感激、この喜び。ついに勝ちました。ゴジラが、そのなきがらを海底深く没し去るのをこの目でしっかりとみとめました。若い世紀の科学者、芹澤博士はついに勝ったのであります！」

高朗とした声は芹澤博士やゴジラ、彼らと長くつきあってきた尾形や恵美子さん、山根博士、田辺博士たちとは全く異なる世界からやってきたように響きます。

涌き起こる女性合唱。

「幸福にくらせよ」という芹澤博士の遺言を恵美子さんに伝える尾形。二人の自由恋愛が成就します。これは同時にゴジラからのメッセージでもあるでしょう。芹澤博士が日本の未来像への抵抗者《カウンター》としての性格があることは、初めて登場した場面（＃7）でも触れました。過去の記憶の呼び出しスイッチとしての性格を持つゴジラもまた彼らの未来への抵抗者です。未来への行路を妨害しようとした存在が、未来を担う若者たちを祝福して、消えて行くのです。溶け逝くゴジラを海上から見つめる山根博士は、この作品を代表する有名なことばをつぶやきます。

「あのゴジラが最後の一匹だとは思えない。もし水爆実験が続けて行われるとしたら、あのゴジラの同類が、また世界のどこかにあらわれてくるかもしれない」

ゴジラ1954を社会批判——反核ドラマ——的に読み解く人々の聖句です。このことばを大切にする人たちのために、この台詞が一連の流れからみれば、ゴジラ研究に対する未練から出た負け惜しみにも聞こえるなどという軽口は慎もうと思います。

ゴジラはすぐさま、もう一匹が登場します。『ゴジラの逆襲』1955で、この作品にも山根博士は登場しますが、ゴジラ研究をするどころか、全くキャラクターとしては生きていません。このゴジラは北極海にある神子島の氷の中に埋められて凍結してしまいます。その後に続く昭和シリーズのゴジラは、この氷を割って出てきた「二代目」です。二代目には子ども——ミニラ（『ゴジラの息子』1967）といいます——がいて、『ゴジラ対ヘドラ』1971以降のゴジラはこの「三代目」だという説があるそうですが（『ゴジラ大辞典』）、時系列的に、先行作品『怪獣総進撃』1968の世界での時間設定が二十世紀末年で、ここにミニラが登場していますので、ヘドラと闘ったのは二代目でしょう。二代目、三代目《ミニラ》の最期は描かれていません。

ゴジラの最期が描かれるのはゴジラ1954以外には、設定上直接の続編である『ゴジラvsデストロイア』1995だけで、この作品には恵美子さん（河内桃子）も新吉くんの孫なども登場します。この作品ではゴジラは自らの体内の原子炉が暴走。熔解《メルトダウン》して東京とともに滅びます。

東日本大震災のときの福島第一原子力発電所の事故で広まったことばに「メルトダウン」がありますが、このような専門用語があっという間に広がった背景には、一つにはこの作品で耳になじんでいたということもあるでしょう。ゴジラ1954と『ゴジラvsデストロイア』1995とで、HIROSHIMA、NAGASAKIに次いでFUKUSHIMA——事件が作品を追いかけましたが——までも取り込んだ作品群となってしまいました。

芹澤博士の「特攻」に対し、あの高朗とした声の持ち主のアナウンサーさえも船上から脱帽、黙禱して、ゴジラ1954は終わります。エンドロールはありません。

以上、註釈的に——衒学的《げんがく》になりましたが——作品を見通して、登場人物や物語の背景、小道具等にもこだわり、それら相互のかかわり、文脈的な位置づけを読み解いてきました。ゴジラを中心とする特撮部分——おもに展開部（ゴジラの荒れ《アレ》）——と、尾形や恵美子さん、山根・芹澤両博士を中心とする本編とが、それぞれ観客に訴える方向性は異なっていても——特撮による破壊場面の快感と本編の恋愛物語および科学の倫理の問題提起——お互いに響き合っていることがわかります。一見「青年と娘の恋愛が本筋から浮いている」と感じられもしますが、実はこの作品の筋は、青年と娘の恋愛物語《ストーリー》でしかありません。この「本筋」の上にゴジラが出現して破壊しまわるだけなのです。だって〈ゴジラの物語《ストーリー》〉はどこにもなく、ただ現われて、破壊して去ってゆくだけですから。ゴジラが社会と向き合って悩み成長しているわけではないのです。ゴジラが恋をするわけではないのです。

ただ、この〈青年と娘の恋愛物語〉も、そう深いものではありません。どこにでもあるような普通の、日常的な恋物語《コイバナ》でしかなく、だからこそゴジラという非日常的存在が浮かび上がり、そこに科学の倫理、核実験の問題がはめ込まれて、独自の世界観が生み出され、一つの「作品」として成り立っています。ゴジラ1954の物語は、日常に突如現われた過去の亡霊《トラウマ》と向かい合い、克服する中に生じる霊鎮《たましず》め的抒情作品なのです。

巻の五、ゴジラの仕組み

(1) 怪獣ゴジラの民俗学

公開時の批判に「ゴジラに〈性格〉というものがない」という発言がありました。ゴジラ1954は〈ゴジラの物語〉ではないので当然です。普通の〈青年と娘の恋物語〉の上に、二人の行方を妨害する存在として、太平洋戦争という過去を蘇らせる装置のように出現する〈大きくて怖いもの〉でしかないのです。それも〈性格〉といえば性格ですが、批判者のいう〈性格〉はもっと掘り下げたものを要求しているのでしょう。そこでゴジラについてもう少し考察してみましょう。

ゴジラについての論評で、有名なものとしては、「ゴジラは英霊である」という説があります。見てきた通り、この作品において太平洋戦争（の経験）は動かぬ背景として横たわっています。太平洋戦争の勝敗を決定づけた核爆弾の次の被害者として、硫黄島の近くからゴジラは現れます。一方で、太平洋戦争に従軍して祖国のために闘い命を散らした兵士また尉官将官の方々が存在したのも客観的な事実です。その複合体としてゴジラを位置づけるのが〈ゴジラ英霊説〉です。最近では赤坂憲雄「ゴジラはなぜ皇居を踏めないか」（『映画宝島　怪獣学入門』平成四年1992）がありますが、この論題の典拠でもある、川本三郎が雑誌『新劇』にのせたエッセイ「ゴジラはなぜ暗いのか」が、英霊説の提唱として最も古いものでしょう。ただし、

> 戦争で死んでいった者たちが、いまだ海の底で日本天皇制の呪縛の中にいる。ゴジラはついに皇居だけは破壊できない。これをゴジラの思想的不徹底と批判するものは、天皇制の「暗い」呪縛を知らぬものでしかないだろう。

とあって、「ゴジラは英霊である」と主張するのではなく、「天皇制の（暗い）呪縛」というところに力点があります。

ゴジラ英霊説は、国会議事堂を破壊したゴジラが皇居に向かいながら襲うことはなく、迂回して海に帰ってゆくと読み解くところから生まれました。

ところで、ゴジラが公開されたとき、先に紹介したように評価が低かった——しかし観客動

員数は九百六十一万人で、同年公開の黒澤明『七人の侍』の観客動員数七百万人を抜いています——中で、三島由紀夫だけは興味を持ってくれたと脚本を担当した村田武雄が語っています。

> 「ゴジラ」は封切とともに大ヒットし、アメリカにも買い取られるほどの評判を取ったが、案外わが国の批評家には評価されず、ただ三島由紀夫だけが「文明批評の精神をもった面白い映画だ」と高く買ってくれたのが、田中プロジューサーと我々のせめてものやすらぎであった。（傍点原典）
>
> （村田武雄「三十年前の思い出」香山滋『怪獣ゴジラ』所収。昭和五十八年1983、大和書房）

公開前に亡くなっていますが、民俗学的手法で国文学研究を切り拓《ひら》いた学者、折口信夫《おりくちしのぶ》も生きていれば、好き嫌いは別として、興味をもったかもしれません。

多くの弟子によって〈折口学〉——國學院の弟子筋の学者たちは「折口先生の学問」という言い方をします——と呼ばれるそれは、いくつもの〈理論〉を打ち立てて事象を分析してゆくのを方法とします。折口先生の学問での〈理論〉は、キーワードを立てるのが特徴で——「折口名彙」と呼ばれることもあります——「水の女」とか「まれびと」とか「らいふ・いんでくす」とか、こういったキーワードで導かれる〈理論〉は、わたしたちの国のさまざまな現象を観察するときに面白い視野を与えてくれます。

折口先生の学問の導くキーワードの中で、ゴジラを分析するのにふさわしいものは「まれびと」でしょう。「まれびと」の理論は、南島・沖縄の神観念や本土に伝わる蘇民将来の伝承などが発想の源泉となっています。この理論で呈示されるモデルは、「ある土地に外部から客（まれびと）が訪問して、その土地を祝福し去ってゆく」という話型です。ただし祝福の前提には土地の者が客をもてなすということが重要で、逆であると災禍をもたらします。理論構築の基礎の一つとなった蘇民将来《そみんしょうらい》のお話は、『釈日本紀《しゃくにほんぎ》』という鎌倉時代に作られた『日本書紀』の注釈書に引用されているのが文献で押さえられる古い記録です。

「備後国風土記」によれば、昔、北の海にいた武塔神《むとうのかみ》が、南の海の神のむすめに求婚に出かけて、この土地（備後国）に来た時に日が暮れてしまいました。ここに二人の兄弟がいて、兄の蘇民将来は貧乏でしたが、弟の巨旦将来《こたんしょうらい》は裕福だったので武塔神は宿を借りようとしました。でも巨旦将来は惜しんでもてなしません。しかし蘇民将来は、粟柄で座をしつらえ粟飯でおもてなししました。武塔神はこうして去っていきましたが、数年後、八人の王子を連れてふたたびやって来て蘇民将来に云いました。「巨旦将来に仕返しをしようと思うのだが、お前の子どもはいるか。」「娘がいます」「では茅の輪を腰に着けさせよ」。蘇民将来は云われた通りにしました。その夜、蘇民将来の娘一人を除いて、ことごとく殺されてしまいました。そして武塔神が宣言します。「わたしは速須佐雄能神であるぞ。今後、疫病の気配があったならば、蘇民将来の子孫といって茅の輪を腰につければ難を逃れるであろう」と。（志水訳）

備後国（岡山県）の疫隈《えのくま》の国つ社《やしろ》鎮座の由来として語られたようです。同じような話は日本各地に残っていますし、「蘇民将来之子孫也」と書かれた茅の輪の付いた札を玄関に掲げている家も今なお全国各地に見られます。

奄美や沖縄など南島地方では、海の彼方の異郷から祭の日に訪問する神をもてなし、祝福してもらう習俗があります。八重山地方の「アカマタ・クロマタ」は、その名前がよく知られているものの一つです。また沖縄の久高島のイザイホーという祭——十二年に一度（つまり午の年に）行われますが、昭和五十三年1978を最後に行われていません。神女候補者の不在と祭りを知る長老が逝去してしまったからです——では、海の彼方のニライカナイから来訪する神に、新しい神女を祝福してもらいます。これらの南島の習俗は折口を強く刺激しました。

これを援用してみましょう。

ゴジラは海から国土に来訪して、海に去ってゆきます。人類はゴジラに対しておもてなしはしません。だから災禍がもたらされます。すなわち、ゴジラは来訪神です。

【蘇民将来のお守り】

（撮影地は伊勢市内の民家の玄関先）

簡単に〈ゴジラ来訪神説《まれびと》〉が立ち上がります。

この「神」はユダヤ教やキリスト教、またイスラム教でいう「神（GOD）」とは性格が異なります。「精霊」に近いものといえばいいでしょうか。幸せや禍いをもたらす存在、さらには幸せや禍いそのものと見てもよいでしょう。

さらに論理遊びをしてみましょう。

まず「禍い」を「祟《たた》り」と置き換えます。祟りの例は『古事記』の崇神天皇の条に見え、三輪の大物主神が祟って人々を死に絶えさせようとします。それを憂えていた天皇に「私を祀れば禍いは無い」と夢で教え、大物主神の子孫に祀らせたら世の中が栄えたという話があります。祀れば幸せ、祀らなければ禍い、という点が「まれびと」と同じです。

奈良時代の末期に祟りを畏れた天皇がいます。桓武天皇。平安京に遷都された天皇ですが、皇位継承で斥けた弟の早良《さわら》親王――無実の罪を訴え絶食して憤死しています――の祟りをおそれ神として祀り、また不本意な死を迎えた者の鎮魂慰撫の祭事も行うようになります。この時代には、こういう発想が盛り上がるのですが、それを研究者は「御霊《ごりょう》信仰」と呼んでいます。

憾《うら》みを持って亡くなった者は祀らねばならない。

その最たる者は菅原道真《すがわらのみちざね》＝天神さまでしょう。いまでは学業の神として大切にされていますが、本来は国家――天皇と公卿たちを指します――に災厄をもたらす祟り神でした。道真公が遠く大宰府で没した後まもなく宮中に落雷があって炎上、太政官――国政の中心機構――の主要高官が焼死する事件がありました。さらには道真公を大宰府に流刑に処した右大臣藤原時平も若くして薨去するに至って、人々は菅公《かんこう》（菅原道真公）の祟りだとおそれ、神として祀りました。北野天満宮の縁起（祀られた由来の物語）に見えます。

首都を襲ったゴジラが国会議事堂――国政の場――を壊します。それを右に重ねてゴジラは祟り神であると読み解くことができます。ここに、国家に憾みを持って死んだ者たちの存在が導かれ、そこに太平洋戦争での戦死者を「犠牲者」と置き換えて代入すれば〈ゴジラ英霊説〉に転じさせることができます。

ただし〈英霊説〉に対しては、果たして英霊が憾みを持っているのか、と問い返すことができるでしょう。

「太平洋に眠る英霊たちは日本を守るために戦って散った。それがなぜゴジラになって日本を攻める？」

というのは『大怪獣総攻撃』2001での防衛軍、立花准将（宇崎竜童）による発言です。

「英霊」というのは、じぶんたちの――わたしたちの――国を守るために命を犠牲にして戦った方々の御霊《みたま》です。「国」というのは「天皇」と置き換えが可能です。ただしこの場合の「天皇」は人間個人としてではなく、国家と一体化された、いわばわたしたちの国そのもの――この考え方が古代以来の天皇観に近いものです――が人の姿をして顕れたものだと捉えて下さい。そのような「天皇《すめらみいくさ》」の軍として活躍した兵士の御魂《みたま》が英霊です。「天皇」と「兵士」との絆が「忠」と呼ばれるもので、この国のあちらこちらを旅すると、集落――村でも、町でも――の要所に「忠魂碑」が建てられているのを目にします。その集落には代々住んでいた人々がいて、移り住んだ人々もいて、その人々の中から選ばれてわたしたちの国のために戦い、亡くなった方々がいます。そういう時代がありました。その方々と親族、その土地の方々にとっての英霊とは憾みを持って散った存在とは思えません。わたしたちに幸せを、平和をもたらしてくれるはずの名誉ある存在です。

話題を少し戻しましょう。ゴジラは英霊でなくとも、恨み――ウラミに充てる漢字を変えておきます――を持っていたと考えることができます。ゴジラはジュラ紀の生物で、海の底で自分たちの生活を守って過ごしていたのであろう、というのが、山根博士の見解です。それが水爆実験で生活の場が奪われ畸形化された。だから人類への恨みを持った存在として、人類に災禍をもたらす存在として考えることができます。ここから読売新聞夕刊の評のような「悲劇味が何一つでていない」という評言が生まれます。

ゴジラを「災厄神」とした場合、人類を超えた存在としての「神」の意味となるので、英霊の「神」とは概念がズレてむしろ「御霊《ごりょう》」といった方がいいでしょう。そして災厄神出現のきっかけとして水爆実験という人為を置くならば、人類への神罰という図式を描くことができます。これを仏教的にいえば因果応報ということになるでしょう。この見解は比較的多く見られるものです。この考え方が、ゴジラ**1954**を〈水爆実験に対する批判性をもった映画〉という評言を生み出す発想基盤の一つとなります。

ここまで、ゴジラを御霊、また災厄神と見る説を立ててみました。ゴジラが昭和四十年代にはいって、とくに宇宙怪獣キングギドラの登場をきっかけとして、人類の味方に変質していく現象を、右の論理からさらに発展させて読み解くこともできるでしょうが、ここでは考えるのをやめます。

さて、ゴジラは、人類に恐怖・災害をもたらす存在の中でも「自然災害」と考えることができます。

ゴジラは日本の南、太平洋上に出現します。そのまま日本列島にむかうコースが夏の台風の進路——迷走することも多いのですが、比較的直線に近いコースで日本列島に向かいます。これにたいして秋台風は大きく沖縄方面に逆「つ」の字を描いて黒潮に沿って北上します——に近似します。大戸島をゴジラが襲う際に風が吹いていること、襲撃はまさしく雨と風とともにあったことなどの描写も考慮すれば「ゴジラ台風説」を唱えることができるでしょう。あるいは「東京の惨状」の場面に東日本大震災の惨状を重ねて、地震や津波などの「自然の猛威」としてもいいでしょう。

ただ、台風などの自然現象の擬人化（擬獣化？）とするだけだと、自然神話学——神話を自然現象の説明と解釈する十七世紀以来の古風な神話学です——みたいな解釈で終わるので、もうすこし論を深めてみましょう。

明治のころ、日本に神話学《Mythology》が伝わりました。そこで記紀神話の神々の神話学的解釈が始まります。その中でも論争となったことで知られるのが、スサノヲ神の性格です。

数少ない日本の神話学者の草分けに高木敏雄（明治九年 1876～大正十一年 1922）という学者がいます。柳田国男（明治八年 1875～昭和三十七年 1962）や南方熊楠《みなかたくまぐす》（慶応三年 1867～昭和十六年 1941）らと一緒に活躍しました。この学者と高山樗牛《たかやまちょぎゅう》（明治四年 1871～明治三十五年 1902）、姉崎正治（明治六年 1873～昭和二十四年 1949）との間で——この方々の生没年を比べてみてください。明治と昭和の近さが感じられます——スサノヲが嵐神かどうかが問われました。高木の

『日本神話伝説の研究』（大正十四年1925、岡書院）はいまでも平凡社の東洋文庫で読むことができますが（大林太良編、昭和四十八年1973）、その中に収められた「素尊嵐神論」で、高木はこう述べています。

余は大体において、高山氏の議論に賛同し、その素盞嗚尊を嵐神とし、天照大御神と素盞嗚尊との軋轢は、これを天然神話として解釈するときは、太陽と嵐との争なりとする氏の議論には、全く賛同したり。

「高山氏」とあるのが高山樗牛《ちょぎゅう》のことです。高山はインド神話との比較によって素尊嵐神説を唱えたのですが、それを姉崎正治が批判しました。高木は姉崎の批判について、

はからざりき姉崎氏の残酷なる、余輩を以って、両部神道の流を汲み、言語比較学派の余弊に陥り、ドクメントに忠実ならずして、いたずらに大胆なる憶測を逞しゅうして、以って学術界に許すべからざる罪悪を犯す者と、見做さるるに至らんとは。

とコメントしています。高木は姉崎の批判に対して、両部神道——鎌倉・室町時代の神話解釈の流派です——とは異なった、近代的学問である神話学の見地から、嵐神として解釈することは不当ではない、と論駁《ろんばく》しています。

高木も触れていますが、スサノヲ神は何種類もの性格が同時存在していて簡単に「〜の神」

と性格づけすることができません。スサノヲという神名もスサは地名であるとか、「すさぶ〈荒ぶ〉」のスサだとかさまざまな解釈が重なった、つまり、複合的神格とするのが妥当ですが、複雑な性格の中の一つとして、スサノヲ神に〈嵐の神〉的な要素を見ることはできます。

スサノヲを嵐の神とする根拠の一つに、高木が示しているように天石窟《あまのいわや》神話と関わらせる見方があります。日神〈天照大神〉が石窟に籠るこの神話を、日蝕とする見方もあれば、冬至〈太陽の復活〉と見る見方もありますが、そのきっかけとなったスサノヲの乱暴を嵐とみて、太陽が嵐の黒雲に隠される様子をこの神話から読み解きます。いずれも自然神話的解釈です。

この古風な解釈が面白いのは、ゴジラを台風＝嵐の神と見ると、皇居とゴジラとの関係が、皇居の主＝天皇↓日神〈天照大神〉の子孫とゴジラ＝スサノヲ↓嵐の神という関係に置き換えられるからです。ゴジラの襲来を天石窟神話に重ねてみましょう。天石窟神話ではスサノヲの暴力によって天照大神が石窟に籠ってしまい世界が暗闇になります。これをアメノウズメが芸能をもって回復させます。そしてスサノヲが追放される。この構成は、ゴジラ **1954** の構成に重ねることができます。ゴジラは漁業や交易に大きな不安を与え、さらに経済活動の中心である東京を壊滅させます。スサノヲの高天原での乱暴——天つ罪と呼ばれます——は田の畔を壊す、溝を埋める、新嘗の祭の場を汚すという、生産活動の基盤への攻撃です。ここで両者に生活基盤への暴力という共通項を求めることができます。この場面、テキストに使用したディスクのチャプター名は「東京の惨状」になっていますが、かつて発売されたサウンドトラック盤（ＣＤ盤、東芝ＥＭＩ「ゴジラ大全集１　ゴジラ」TYCY-5345、平成四年1993）ではこの画面の背後に流れる音楽に「帝都の惨状（Ｍ19）」というタイトルをつけています。帝都とは皇孫のすまう都のことです。呼び名は作品完成後に与えられたものでしょうが、こう呼ばれると東京を高天原に重ねて見ることができることに気付くでしょう。

ゴジラの襲来に皇居は沈黙しています。襲われることもなく、そこにそれが存在しないかのように。もちろんそこには皇室への配慮という作品外の要素が第一番にあるのでしょう――製作時、皇居を圧する案もあったそうです（『初代ゴジラ研究読本』）――が、あくまでそこに（作品内の世界の中に）観客と同じ地平の上に皇居が存在する――作品中に皇居の存在は明示されていないので、作品内世界には皇居が存在しないと見ることも可能です――とした上で、「帝都の惨状」に、天照大神の石窟籠りを重ねたとき、以下の終結部への展開は、論理上、天照大神の復活とスサノヲ追放に相当することになります。なぜならアメノウズメノミコトの芸能によって天照大神は復活して、いいかえれば秩序が回復して、スサノヲが追放されるのですが、ゴジラ1954では少女の歌声で芹澤博士の心をほどき、オキシジェン・デストロイヤーでゴジラは葬られます。生産活動への暴力→世界の暗黒化→芸能による復活という段取りが共通しています。

蛇足ですが、記紀では追放されたスサノヲはヤマタヲロチを退治します。八つ首の大蛇ですが、ゴジラは続編で三つ首の怪獣キングギドラと戦い人類を滅亡から助けるようになります。むしろその方が〈英霊〉的存在といえるかもしれません。

(2) うたの力 —— 音の物語

＃19～22はゴジラシリーズの中でも白眉といっていい場面で、これがあるからこそ、ゴジラ1954は名作たりえたと云っていいでしょう。この場面はあまり深くとりあげられませんが、平成シリーズ以降多くの脚本を手がけた三村渉が高く評価しています（『初代ゴジラ研究読本』）。伊福部の重厚な暗い曲想の音楽を背景に**HIROSHIMA・NAGASAKI**を想起させる東京の惨状が描かれ（＃19）、すぐに野戦病院さながらの、被害者の場面に進むや、母親を失った悲哀のこめられた子どもの泣き声が響きます。

この哀しみの籠った泣き声に作品のすべてが凝縮されています。

そして、恵美子さんによる芹澤博士の秘密の研究の暴露（＃20）。科学の論理、科学者の矛盾を問題化する重要な場面です。その芹澤博士の論理武装――なぜ自分の発明を公開しないのか――を破り、最終兵器《オキシジェン・デストロイヤー》の使用を決意させるのが、テレビ中継による「平和への祈り」の女声合唱です（＃21）。

　やすらぎよ　ひかりよ　とくかえれかし
　いのちこめて　いのるわれらの
　このひとふしの　あはれにめでて
　やすらぎよ　ひかりよ　とくかえれかし
（作詞、香山滋）

なぜ芹澤博士の論理を少女たちのうたは打ち砕くことができたのか。

ここではうたの本質が的確に描かれています。芹澤博士を動かしたのは、右の歌詞の意味によってではありません。声です。そして旋律です。歌詞はその上に乗って、声と旋律に説明を与えているだけです。このうたは、最初に音声として、前の場面の少女の泣き声と対にしてうけとめるべきものでしょう。そして人が、感情の根底をゆさぶられたときに発する音声がうたなのです。これを江戸時代の学者、本居宣長は「もののあはれ」と名づけて、それを日本文学の本質と考えました。

さて彼《か》れ是《こ》れ古き書《ふみ》どもを考へ見て、なをふかく按ずれば、大方歌道はあはれの一言より外に余義なし。神代より今に至り、末世無窮に及ぶまで、よみ出《いづ》る所の和歌みな、あはれの一言に帰す。されば此《この》道の極意をたづぬるに、又あはれの一言より外なし。伊勢源氏その外あらゆる物語までも、又その本意《ほい》をたづぬれば、あはれの一言にてこれをおほふべし。孔子の「詩三百一言以《もつ》テ蔽《おほ》ヒテレ之ヲ曰ク思《おもい》無《な》シレ邪《よこしま》」とのたまへるも、今ここに思ひあはすれば、似たる事也、すべて和歌は、物のあはれを知るより出る事也。

（本居宣長『安波礼弁』宝暦八年 1758）

【訳】というわけで、あれやこれや古典籍を考察して、さらに深く思いめぐらせば、だいたい歌の道は「Ahr…」の一言以外になにもありはしない。神々の時代から今に至るまで、この先限りなく、詠む歌はみな「Ahr…」の一言で片付く。だからこの道の極意はなんだといえば、「Ahr…」の一言のほかにはない。伊勢物語・源氏物語そのほかあらゆる物語まで、その本質を究めれば、「Ahr…」の一言で片付けられよう。孔子様が「詩三百首、一言でこれをまとめていえば、思いに邪念は無い」とおっしゃるのも、今こうやって思い合わせれば、同じようなことだ。総じて和歌は、こころのためいきを知ることから始まるのだ。

（志水訳）

宣長は理論的な思考を「漢意《からごころ》」といって排斥します。理を先立てずに、日本人としての本質を自覚した上に論理を用いよといっています。

道を学ばんと心ざすともがらは、第一に漢意儒意を、清く濯《スヽ》ぎ去て、やまと魂《タマシヒ》をかたくする事を、要とすべし、

（同『うひ山ふみ』寛政十年 1798）

【訳】学問をしようと志す仲間たちよ、まず漢文的発想、儒学的発想を、きれいさっぱりすすぎおとして、わたしたち本来のこころをしっかりと持つことを大切にしなさい。

（志水訳）

「漢意儒意」というのが理屈。「やまと魂《タマシヒ》」というのが、わたしたち本来の心の在り方や発想法ということです。

すべてから書《ぶみ》は、言巧《たくみ》にして、ものの理非を、かしこくいひまはしたれば、人のよく思ひつく也、すべて学問すぢならぬ、よのつねの世俗の事にても、弁舌よく、かしこく物いひまはす人の言には、人のなびきやすき物なるが、漢籍もさやうなるものと心得居べし。

『同前』

【訳】総じて漢籍はことば遣いが上手で、ものごとの筋道のわきまえを、上手に表現するので、人はすぐ納得させられるのだ。なにも学問のみならず、日常生活のことにおいて

も、弁舌よく上手にものをいいくるめる人のことばには、人が靡きやすいものであるが、
漢籍もそのようなものだと心得るがよかろう。　（志水訳）

この考え方の背後には、漢文（古代中国語）の言語構造——S《主語》V《動詞》O《目的語》——と和語（日本語）の言語構造——S《主語》O《連用修飾語》V《用言》——の違いに根差す言語と認識構造の関係性があるのですが、それはここでは措いておきましょう。宣長がいう「漢意」は、「理非を賢く言いまわすもの」、つまり理屈《ロゴス》で、「これ千有余年、世ノ中の人の心の底に染着《シミツキ》てある、痼疾なれば、とにかくに清くはのぞこりがたき物」なのだといいます。これを取り払ったところにある純粋な和語の世界。それが「やまと魂」ということになるでしょう。しかし、ことばというものが構造性を持つ以上は、どこか理屈が伴うものとなります。それを超越するものが「あはれ」となります。

宣長の「物のあはれ」という考えを敷衍《ふえん》すれば、人の根底に在る感情を理論が覆っている、言い換えれば心を核とし、ことばが殻となっている——古く紀貫之は『古今和歌集』の「仮名序」で「やまとうたは人の心を種として、よろづの言の葉とぞなれりける」と言っています——という図が描けます。芹澤博士という科学者が科学を考え、世の中を考え、人間を考え構築した論理の殻を、うた——感情の衝動——は突き破ります。うたと芹澤博士の論理が衝突したとき、少女の声——非論理的要素——が音として旋律にゆさぶられて芹澤博士の理屈を取り払う

のです。

ではなぜ女声なのか。

先ほどゴジラ1954の本質のすべてが女の子の泣き声に凝縮されているといいました。泣き声は単なる音声《ノイズ》ですが、それこそ情動によって出てくる嘆声——「あはれ《Ahr》」——です。親しい者を失う哀しみ。その情動は「お母さん」という詞を獲得しようとしています。その延長上に女声合唱による歌が顕《あらわ》れます。女の子の泣き声と女声合唱とは一つながりにとらえなくてはいけません。

対照的なのはゴジラの咆哮です。低音楽器コントラバスで演奏されたのがゴジラの鳴き声でした。

ゴジラ1954を音楽的にとらえると、ゴジラの足音と咆哮、遺族となった幼子《おさなご》の叫びと少女たちの鎮魂の声の四つの調べで作られています。その上にさまざまな理屈——科学の倫理の問題、科学者の姿勢の問題、核実験の問題、日米安全保障条約の問題、政治の問題等々——がかぶさって物語が展開される構造となっています。恐怖、あるいは恨み、怒り、それらがゴジラの異形の姿によって視覚化され、足音と咆哮で聴覚化されています。ゴジラに抑圧された者が持つ哀しみや絶望は、焦土と化した生活の場と傷ついた人々の姿によって視覚化され、少女の泣き声によって聴覚化されます。その対比の中から、若い男女によって希望——芹澤博士《オキシジェン》の発明品《デストロイヤー》——が発見されます。その希望を解放するのが、少女たちのうたになります。歌う少女たちの姿と声と、ここに至って視覚（映像）と聴覚（声）とが一体化されます。

しかし、そうしてゴジラを白骨化させた「希望」は、高弦の音で表現されていますが、この音は旋律を紡《つむ》ぎません。ゴジラの咆哮と同じ、音《ノイズ》でしかない。この「希望」はゴジラと表裏の関係にあります。そもそも芹澤博士自身、尾形と恵美子さんによって示される理想的未来に対する抵抗者として登場していました。ゴジラとともに融けて液化してしまった芹澤博士はゴジラの分身のようなものです。芹澤博士の遺産。それは過去の延長の上にあり、未来はその呪縛から逃れられません。

以上、いろいろな見方でゴジラを考えてみました。そうして気付くことは、さまざまな論理がゴジラとは何かという問いに答えを与えるけれども、一方でどの見方もどこか、穴がある。欠点というのではなく、隙間という意味での「穴」です。あるいは余分なものと言い換えてもいいかもしれません。どちらにせよそこが別の見方への接点となっているのです。その多変化的軟構造こそがゴジラ 1954 の姿でしょう。そしてそれは「ゴジラに〈性格〉がない」からこそ可能なことで、その姿が、多くの説を呼び込み成り立たせる条件となっているし、論じたくなる魅力ともなっています。
ゴジラ1954が名作であり得る理由は、多くの考え方を引きずり込む要素があるところにあります。だから、

まさか、本多─円谷が、原水爆反対キャンペーンの一環として『ゴジラ』を作ったとは言わせません。もし仮にそうだとしたらこの程度の三面記事的描写でそれが出来るとうぬぼれた、作家の意識の低さは特筆ものと言えましょう。又、そうでなかったとしたところで、原爆イメージの上に、ご丁寧にも、芹沢と潜水夫尾形（宝田明）との、山根博士の娘（河内桃子）をめぐるトラブルまでつけ加えた三面記事的装飾では、ＳＦ映画に密度の高いリアリティを持たせることは、不可能と言わざるを得ないのです。国会や自衛隊をかつぎ出す安易さも、ただうろたえるだけの群衆描写も、結局の所、まったく飛躍の振幅を持たぬ、イマジネーションのおそまつさとしか言いようがありません。

一方では特殊効果によるショウを楽しませながら、他方では似非ヒューマニズムよってこそこそと言い訳するような、そんな怪獣映画『ゴジラ』こそ、個々の技術以前に、ＳＦ映画の無限の可能性をもろくも砕き去った愚劣な存在だったのではないでしょうか。

（石上三登志「ＳＦ映画の知的な冒険・9」『映画評論』昭和四十三年1968四月号）

というような、作品を一つの性格――右の場合は、かなり厳密な意味でのＳＦ映画（science fiction）としての性格――に縛り付けようとする近代的な、あるいは「真実は一つ」的な単細胞型発想とはかけはなれたものです。

多様な性格が多元的に同時成立し、ときには破綻さえみせながらも、お互いに響き合う作品が『ゴジラ』であり――『ゴジラ』のみならず古今東西どの作品もそうであると思うのですが――その交響的な仕組みをわかりやすく構成して見せているのが娯楽映画としての物語です。物語を支えゴジラを考えさせる観点を誘い込むのは特殊撮影の効果です。それらから太平洋戦争の記憶を通じて、原子力発電所の事故や災害の記憶などを通じて、多くの考え方が濫立《らんりつ》することで、さまざまな人が是非を問わずゴジラを共有することができます。これこそ〈古典〉としての在り方だと思います。

【ゴジラ聖地巡礼】（番外編―街角のゴジラ1）
品川駅ホーム

品川駅のホームにおかれたものでシナガジラというらしい。ゴジラへのオマージュだ。山手線内回りのホームでしか見られない。

【ゴジラ聖地巡礼】（番外編―街角のゴジラ2）

北品川橋の付近にあった居酒屋の看板ゴジラ。このゴジラの置物はほかの場所でも見かけることがある。

【ゴジラ聖地巡礼】（番外編―街角のゴジラ3）

前著『澁川春海と谷重遠―双星煌論―』（新典社選書70）執筆で高知市に調査に出かけたときに地元の繁華街「帯屋町」で見かけた看板。

巻の六、ゴジラ変奏

(1) 田子の浦から公害怪獣 —— 昭和のゴジラ（ゴジラ対ヘドラ）

ゴジラ 1954 に含まれた社会批判的側面は、通奏低音のように昭和シリーズの中に流れつつ、高度成長の好景気とともにそれらが目立つことはなくなりました。そんな中で、好景気に水をさしたオイルショックとともに出現したのが、公害怪獣ヘドラです。昭和四十六年 1971 に『ゴジラ対ヘドラ』のタイトルで公開されたこの作品の中で、ゴジラは空を飛びます。後ろ向きに。しっぽを抱えて。口から放射能をはいて。そしてゴジラは少年の夢と現《うつつ》の境界で、少年のために正義の味方として、ヘドラと戦います。この作品では、まさにゴジラは疫神を追い払う来訪神となっています。

いつからゴジラが正義の味方になったのかは、はっきりしません。相撲から転身してプロレスラーになった力道山が空手チョップでアメリカのレスラーと闘って人気を博していたころに公開された『キングコング対ゴジラ』1962の段階では、両者とも巨大生物以上の存在ではありません。人間と倫理上もしくは心情面での関わりを持たないからです。ただし、「ゴジラの〈性格〉」は出ているかもしれません。人気プロレスラー豊登のまねをしたり、仕草や表情が人間的になっています。

次の『モスラ対ゴジラ』1964においては、モスラにすでに神的性格が与えられている――『モスラ』（昭和三十六年1961）。原作は中村慎一郎・福永武彦・堀田善衛「発光妖精とモスラ」――ので、ゴジラは悪役として位置づけられます。このときのゴジラの憎々しくも愛嬌のある顔の造型が――もちろん演技（中島春雄）も悪役ぶりをひきたてています――「モスゴジ」と呼ばれてファンに人気があります。

『地球最大の決戦』1964で、宇宙怪獣キングギドラが登場します。シリーズ中、ゴジラに匹敵する人気怪獣です。ちょうど冷戦下の米ソの意地の張り合いが宇宙開発にむかっていたころの公開で、人類の視野が宇宙に向けられた中から、黄金の三つ首ドラゴン、キングギドラは生まれました。北欧神話のガルムと日本神話の八岐大蛇《やまたおろち》を足したような怪獣です。この作品において、ゴジラとラドンがモスラの仲介で共闘してキングギドラを追い払う戦いを見せます。

モスラには意志を通じ合うことのできる双子の小美人——双子の人気歌手、ザ・ピーナッツが演じます——がいます。ちょうど神と巫女もしくはサニワ（神のことばを解してわれわれに伝えてくれる存在。『日本書紀』にでてきます）の関係です。この小美人は『モスラ』1961 で初めて登場した時には神秘的な存在でしたし、『モスラ対ゴジラ』1964 の時点では「人間のことなど知りません」と発言するなどやや距離のある存在みたいですが、『モスラ』1961——捕獲されて見世物になった小美人をモスラが取り返しにくるというのがこの作品のあらすじです——の時にテレビ出演したのが気に入ったのでしょうか、『地球最大の決戦』1964 では、率先して漫才師（青空千夜・一夜）が司会をする「あの方はどうしているのでしょう?」というバラエティ番組にゲスト出演して、子どもに『モスラ対ゴジラ』の時に活躍した双子の幼虫のうちの一匹が亡くなってしまったことを伝え、モスラに会いたいというリクエストをした子どもたちのために『幸せを呼ぼう』という歌——作詞、岩谷時子（大正五年 1916〜平成二十五年 2013。越路吹雪『愛の讃歌』の訳詩等で有名）・作曲、宮川泰（昭和六年 1931〜平成十八年 2006。『巨泉×前武ゲバゲバ90分!』昭和四十四年 1969 やアニメ『宇宙戦艦ヤマト』昭和四十九年 1974 等の音楽で有名。二人はザ・ピーナッツに多く曲を寄せています）——まで唄ってタレント業になじんでいます。怪獣が子どもの人気者になってしまっていることがはっきりと認識されます。

『南海の大決闘』1966になると、謎の組織「赤イ竹」――最後まで正体不明の組織です――に捕えられたインファント島――モスラの聖地で住民は日本語を話します――の娘、ダヨ（水野久美）に惚れたそぶりをみせ、鼻を掻きます。これは当時流行の歌謡曲『君といつまでも』（歌詞、岩谷時子・作曲、弾厚作《だん》）で歌手、加山雄三（作曲者の弾厚作本人）が、歌謡中に挿入された「幸せだなあ」のセリフ時に見せたしぐさの真似です。

そしてダヨたちとともに赤イ竹の秘密基地から脱出を試みる銀行強盗（宝田明）たちを助けますし、ダヨたちも最後に基地が自爆しようというときに「逃げてー！」と呼びかけます。それに応じてゴジラは海に飛び込んで爆発を免れます。ゴジラが大きく人類に歩み寄りを見せ、人間もゴジラに愛情をもつようになっています。

こうして次第に人類の味方となっていったゴジラの完成形というべき作品が、『ゴジラ対ヘドラ』1971でしょう。テレビでは特撮番組『ウルトラセブン』1968が終わり、公害をテーマに盛り込もうとした『宇宙猿人ゴリ』（昭和四十六年1971、フジテレビ）――後に『宇宙猿人ゴリ対スペクトルマン』『スペクトルマン』とメインタイトルが変更され、作品内容も変わってきました――の放映が始まったころになります。

『ゴジラ対ヘドラ』1971は、もともと前作『怪獣大進撃』1969で、内容面からまた費用面から、ピリオドを打とうとしていたゴジラ映画が、怪獣人気——外面的理由——にひきずられて、映画館側からの要請も強くあって作られた作品です。だから冒頭から明らかに予算が削減されたような——平成生まれの学生に見せたら「何ですか!? このカルトムービー!」と叫んでいました——絵面《えづら》で始まります。オープニングも伊福部節のような管弦楽ではなく、ポップスで、インパクトのある歌詞（作詞者は監督自身）をもったうたをサイケデリックな衣装を着た歌手（麻里圭子）がライブハウスでうたう場面から始まります。冒頭、当時よく耳にした公害の素となった有害物質名が羅列——水銀、コバルト、カドミウム、ナマリ、硫酸、オキシダン、シアン、マンガン、バナジウム、クロム、カリュウム、ストロンチュウム——されますが、この歌の効果は終り部分の「か～えせ（返せ）」のリフレインにあって、やはり音楽の効果は絶大です。なお作曲者で本作品の音楽を担当した眞鍋理一郎は伊福部昭の弟子の一人です。

怪獣名のもとになった「ヘドロ」というのは川底や海底に沈殿蓄積された産業廃棄物等による泥土のことで、とくに昭和三十年代から四十年代にかけての「高度成長」を支えた第二次産業の活発な働きと、環境に与える影響の無自覚——たとえば個人レベルでいえば愛煙者の歩行喫煙などに同類の「無自覚」がみられます——によって浄化処理されないまま河川に流された廃液が沈殿したもののことです。とりわけ熊本県の水俣湾《みなまた》の水俣病――同質の現象に新潟県阿賀野川流域の第二水俣病があります――や富山県神通川流域のイタイイタイ病などのように有害物質を含んだ未処理の廃液は人体にとりかえしのつかない大きな影響を与えました。ほかにも空中に放たれた有毒物質を含んだ排煙による大気汚染も「(光化学)スモッグ」の名で知られ、特に四日市(三重県)に建設されたコンビナート――『モスラ対ゴジラ』1964(この時代の世の中のイケイケの空気が戯画化されて記録されています)ではその近くの干拓地(コンビナート建設予定地)からゴジラが現われます――の排煙は地域住民に呼吸器疾患をもたらし、これは「四日市喘息《ぜんそく》」の名で知られ、「水俣病」「イタイイタイ病」「第二水俣病」「四日市喘息」は「四大公害病」と呼ばれるようになります。

昭和四十五年1970に「人類の進歩と調和」をテーマとして大阪で万国博覧会が開催されました。そのときのオーストラリア館の建物が四日市市に移築されていますが、この年は「ヘドロ」と「スモッグ」に代表される公害の年でもありました。そして「ヘドロといえば田子の浦、スモッグといえば四日市」というありさまになります。

田子の浦ゆうち出でてみれば真白にぞ　富士の高嶺に雪はふりける

と山部赤人が歌に詠んだ(『萬葉集』巻三)ので有名な「田子の浦」は、ヘドロの田子の浦より少し西に離れた海岸だといいますが、現在の田子の浦のある富士市は製紙業が中心となっています。当時、その工場の廃液がそのまま海に流されてヘドロとなったわけですが、これに宇宙生命が憑依して怪獣化したのがヘドラです。ヘドラだけでなく『宇宙猿人ゴリ』1971――「公害Gメン」という組織が、美しい地球を人類が汚すのを怒ったマッド・サイエンティスト、IQ《知能指数》三〇〇を持つゴリ博士による地球侵略（美しい地球の私物化を目的とする、地球を汚す者の排除）と戦うというのが、当初の設定でした――に最初に登場する怪獣が公害怪獣ヘドロンでした。静岡県「富士ノ浦」のヘドロからゴリ博士の科学力で作られた怪獣です。

『ゴジラ対ヘドラ』1971では、宇宙生命が田子の浦のヘドロに宿り、当初おたまじゃくしみたいな姿だったのが、だんだんに成長して、船を襲い、やがて上陸して工場のスモッグを吸い、空を飛んで硫酸ミスト――工場からの煙に含まれる亜硫酸がオキシダントによって酸化することで生成されます――をばらまき、そのため金属が腐食して鉄筋コンクリートのビルは崩壊し、また人間は骨となります。こうして人類が死滅しそうになるのを、自衛隊とゴジラが退治するという単純なもので、ゴジラが公害に対する民衆の怒り――若者が富士山麓で公害反対集会としてゴーゴー（ダンスの一種）大会を開催してヘドラにやられる場面もあります――を代表して表現しています。とくに自衛隊――ゴジラ映画の中でもっともコミカルに描かれています――

がヘドラ退治に設置した電圧板を利用してヘドラを乾燥させて、ヘドロに戻ったところを「か〜えせ」の歌を背後に思いっきり踏みつけ、ぐちゃぐちゃにちぎり投げ散らかす場面は、ゴジラの怒りの場がどこにむけられているのか、考えさせられます。

ところで、『ゴジラ対ヘドラ』1971の世界観（作品設定）の骨格を見ると、宇宙生命が宿る対象は、地域の主産業（この作品であれば富士市の製紙工場）から海に流れ出た有害物質（工場廃液の沈殿物）です。主産業に注目すれば、例えば工場というのは、地域住民にとっては雇用してもらえる所だし、工場があれば工場で働く人の生活を支えるために第一次産業（農耕漁労）も成り立つでしょうし、第三次産業（サービス業）も必要となるでしょう。また自治体にとっては税収入が期待され、それを地域に還元もできるでしょう。

「主産業」は地域の生活の基盤です。でも「主産業」は一方でマイナス面（この作品でいえば環境汚染）もあります。それが地域住民に怪獣として襲いかかるという、〈恩恵と被害〉という構図が浮かび上がります。

これと同じ図式は、現在の福島にも見られます。原子力発電所という主産業のもたらした「廃液」のようなもの（汚染物質）が流れ出て——たとえそれが微量であっても——放射能として人々を襲っているわけです。昭和時代から現代にかけて、社会的な問題はともかく科学は多く公害に対して善処しようと努力を重ねてきました。四日市や富士市も後からではあっても浄化されてきました。人体に影響が出、その責任が裁判によって問われるようになって、やっとその解決——産業廃棄物の処理——に思いが至って、責任問題は社会的に泥沼化しても処理技術は科学の名のもとに改善されてゆきますが、やはり科学は後からやってきます。ゴジラ1954で山根博士と尾形が対立した問題点は今でも解決されていません。

自然災害（地震）による原子力発電所への襲撃。海に流れ出た産業廃棄物による人々への攻撃。ゴジラの世界は今わたしたちが抱えている問題に六十年、四十年の時を隔ててシンクロしてきます。

『ゴジラ対ヘドラ』1971は、昭和シリーズの中でも異色作品で、観客対象も家族で楽しめる娯楽作品から怪獣ブームを支える低年齢層にむけてシフトしています。このあたりからやっとゴジラ映画を劇場で見始めた世代、つまり当時の小学生は『キングコング対ゴジラ』1962や『モスラ対ゴジラ』1964が公開されたころに生まれ、そしてそれらを東宝チャンピオンまつりで観ることのできた、主に昭和ヒトケタ——「疎開」を経験した世代——を親に持つ子どもたちです。東京の小学校では、授業中や休み時間に毎日のように「光化学スモッグ警報発令」「光化学スモッグ注意報発令」の緊急放送があり、外での体育の授業はしばしば中止になりました。この緊急放送ではかならずオキシダント濃度などのデータも放送され、「PPM」なんてことばが頭に刷り込まれました。このころ教室で給食を一緒に食べていた若い先生たちが、戦後教育の第一世代にあたります。

このあとゴジラは『ゴジラ対ガイガン』1972『ゴジラ対メガロ』1973では怪獣島に王として君臨し――家畜化されているとも見えます――『ゴジラの逆襲』1955に登場したアンギラスを相棒に宇宙怪獣と戦うヒーローとして定着した姿を見せてくれています。『流星人間ゾーン』1973では、頻繁ではありませんが、地球を守るヒーロー兄弟を助けて、敵と戦っています。その七年前に『ウルトラマン』（昭和四十一年1966、ＴＢＳ）に出演――襟巻を付けて変装し、ジラースと名乗っています――したときはマッドサイエンティストに操られてウルトラマンと戦っていました（第十話）。ただし、これはゴジラとは無関係の怪獣としての扱いです。

そして『ゴジラ対メカゴジラ』1974、『メカゴジラの逆襲』1975と作られて昭和シリーズは幕を閉じます。最後にメガホンをとった――映画の監督をすることをこう表現します――のは第一作目のときから齢《よわい》二十年を重ねた本多猪四郎監督でした。

ゴジラ映画をとりまく環境は、ゴジラを「正義の味方」にしてしまいました。昭和シリーズのゴジラは人類に歩み寄ってゆくゴジラであるとまとめていいでしょう。

(2) 箱根から遺伝子怪獣 ―― 平成のゴジラ〈ゴジラvsビオランテ〉

ゴジラ三十周年の昭和五十九年1984に『ゴジラ』と題してリメイクされたゴジラ映画があります。ゴジラはもはやビルを超える身長五十メートルの巨大生物ではなく、ビルの谷間を歩く身長八十メートルの大きな生物となってしまいました。スーパーXという秘密兵器が登場し、新宿副都心での腹部に穴の開いた超高層ビル――京王プラザホテル――を挟んでゴジラの吐く熱線と銃撃戦をくりひろげます。GODZILLA 1998のヘリとゴジラの追いかけっこ中の場面の典拠はこれでしょう。

ゴジラ1954以降、空想特撮シリーズ（『ウルトラマン』1966など）や『スターウォーズ』1977を知ってしまった世代――戦争を知らない子どもたち――を観客とするには、非現実的要素が必要となったのはわかりますが、まさにその点にゴジラ1954の戦争体験に支えられたリアリティが継承されていないことがあらわれています。しかし、このゴジラ1984を観る大学生と若い社会人たちは、小学生のころ戦うヒーロー〈ゴジラ〉を観て育った世代です。そして彼らがゴジラ1954を〈発見〉し再評価して、リメイクへの後押しをしました。ゴジラ1954が名作になった時だといってもいいでしょう。『ウルトラセブン』1968や『ゴジラ対ヘドラ』1971を観て育った子どもたちが、その原点となった作品のメッセージをうけとめたのです。

昭和五十六年1981に次のような発言が記録されています。

まあ、『ゴジラ』が当たったのでその後は色々『ゴジラの息子』だとか、色々のものが出てきましてゴジラ段々堕落しましてねぇ。で、何というか、お子様のアイドルみたいな夏休みの五本立てだとか何とかの一本というような扱いになりましてね。非常にゴジラ自体が堕落しているような気がしてたんですけれども、

第一回特撮大会のトークショーでの平田昭彦——芹澤博士——の発言の一部です（『初代ゴジラ研究読本』掲載）。「堕落」という感覚は、ゴジラ1954を評価の出発点においたときに得られる感覚を的確に表しています。

だから昭和シリーズ後半の平和ぼけしたゴジラからの脱却をわたしたちは喜びました。ゴジラを悪役——人類に恐怖をもたらす存在——として再設定するところから、平成シリーズは始まります。その一番手が『ゴジラvsビオランテ』（平成元年1989）です。

この作品が公開された年、東海大学管弦楽団の冬の演奏会にわたしはＯＢ扱いでヴァイオリ

ン奏者として参加しました。十二月十七日——映画公開の翌日です——の演奏会当日、新宿文化センターが会場だったのですが、このときは午前中にリハーサル。午後は他大学の演奏会がはいっていて、夜にわたしたちの演奏会でした。午後にぽっかり時間が空きます。「ビオランテ観《み》に行こうぜー」と管楽器の後輩——ゴジラファンでした——を誘うと「良いですねー」と返事はするものの、出かける度胸はなかったようで、そこで、一人で歌舞伎町に『ゴジラvsビオランテ』を観に出かけました。

前作ゴジラ1984の物語の後日譚として、崩壊した新宿副都心で外国人レポータが英語でテレビ中継しているシーンから始まります。現実感のある映像で驚きましたが、さらに「G細胞」を採取する自衛隊員と、同じくG細胞を秘密採集する外国人組織「バイオメジャー」との銃撃戦に展開するスピーディな新感覚の演出（監督、大森一樹）にわくわくしました。

「G細胞」というのは、「たび重なる水爆実験に耐えて生きのびてきた」（山根博士）だけでなく自己再生能力ももつゴジラの細胞のことで、これをキーアイテムとして物語が紡《つむ》がれます。銃撃戦のあと、G細胞は中東の「サラジア国」のエージェントに強奪されて本国《サラジア》に運ばれます。そこには遺伝子操作の研究者、白神博士（高橋幸治）とその娘、英理加（沢口靖子）がいました。砂漠の国に豊かな穀物をもたらそうという平和利用のためにG細胞を必要としていたのです。しかしそれはバイオメジャーが秘密裡に採取し、それをエージェントが強奪するという武力によってもたらされたものです。その背後には、「食」を持ち駒にした穀物エージェントとサラジア国との経済戦争が横たわっています。そういうことには目をつぶり、純粋に遺伝子研究をするのが白神博士です。三葉虫の発見に子どものように喜んでいた山根博士に通じる科学者魂があります。

この水面下の戦いにあって、白神博士の研究室はバイオメジャーによる報復テロを受けて爆破され、愛娘が巻き込まれて死んでしまいます。ここまでがプロローグです。五年後、主人公格の若い科学者、桐島（三田村邦彦）とその恋人、大河内明日香（田中好子）との、ゴジラの足跡にデザインされた天窓がある西新宿のゴジラ・メモリアルという施設のカフェでデートしているシーン――ゴジラ1954の冒頭（＃3）はデートのキャンセルから始まりました――から本筋が始まります。若い科学者の恋人は博士の娘ではありませんが、博士の娘である英理加の親友、明日香という関係になっています。白神博士は古生物学者ではなく遺伝子工学の学者で、キャラクター造型的には山根博士的側面と芹澤博士的側面を持った性格を見せます。物語上、ところどころの台詞で確認されますが、遺伝子工学の可能性を探るべく細胞に関心を持ち、その政治的問題には無関心な性格設定。学術レベルでは山根博士と同じ基盤にいるようです。

白神博士が、娘を失ってからは人付き合いの悪い、箱根山中の孤独な科学者となっているのはむしろ芹澤博士的で、マッドサイエンティスト的性格がでてきますが、肉親を事故で失ってから狂気が発露してゆくキャラクター設定は、GODZILLA 2014の主人公の父親の設定に通じるものでしょう。GODZILLA 2014にこれの引用を認めてもよいかもしれません。

本作は超能力少女が登場し、スーパーウェポン（スーパーXⅡ）が活躍するなど、ＳＦ的要素が組み込まれています。「ＳＦ」といっても「科学的虚構《サイエンス・フィクション》」というよりは通俗的な「科学《サイエンス》風幻想譚《・ファンタジー》」といった体《てい》ですが、演出のはぎれのよさが爽快な娯楽性をもって百八分の上映時間を二時間以上に感じさせる密度濃い作品です。

とりわけ幻想譚《ファンタジー》的要素を濃くするのは、科学に対して理想的かつ現実的な思想を持っていた白神博士が、最後に「本当の怪獣は人間だ」という発言をするや、ビオランテが「ありがとう」ということばを、ゴジラを感じることのできる超能力少女三枝《さえぐさ》未希《みき》（小高恵美）を経由して博士に伝えて光の粒子となって昇天してゆくところでしょう。

ビオランテという怪獣は、薔薇を愛した娘、英理加を失いたくないばかりにその遺伝子を薔薇に組み込み、さらに地震でその薔薇が枯れそうになって、折しもＧ細胞を利用した対ゴジラ兵器の開発を依頼された博士が、自己再生能力を持つＧ細胞の遺伝子を組み込み延命を図ったことで生まれたキメラ（合成獣）です。「ビオランテ」は白神博士の命名で、北欧の神話に登場するのだとか。ただし、オーディンやトール、ロキの活躍する『エッダ』で有名な所謂「北欧神話」には見られません。白神博士のいう「北欧」はスカンジナビアという意味ではなく、ドイツからケルトまで含んだ広い地域の「北欧」と受け取った方がいいでしょう。ちなみに原作者によれば「ビオランテ」というのは自身の造語だそうです。それでも「北欧」とするあたりに幻想性が漂います。「北欧」から連想される「白夜」や「オーロラ」ということばの喚起する印象に由来するのでしょう。またイングランドやスコットランド——所謂「イギリス」——と薔薇とは「薔薇戦争」だとか、あるいは萩尾望都『ポーの一族』——昭和五十年1975代に人気のあったイギリス貴族系美少年吸血鬼を主人公とした詩情あふれる〈少女マンガ〉——から連想されやすくなっています。「北欧の神話に登場する」という台詞の持つ説得性の立脚点です。

閑話休題。

対ゴジラ兵器「抗核エネルギーバクテリア」の開発は、防衛庁特殊作戦戦略室からG細胞を保管している大河内財団と桐島経由で箱根に隠棲する白神博士に依頼されます。しかし白神博士はそれを一旦拒否します。G細胞に手を出して娘を失ったからです。ところが地震——大島に眠るゴジラの目覚めを予感させます——によりバイオテクノロジ—で活かされている娘の命が再び危機に際したとき、博士は娘のために兵器の開発を引き受けます。

ゴジラに対する兵器として自衛隊（防衛庁特殊作戦戦略室）は通常兵器——戦車・戦艦・戦闘機——の他に、スーパーXⅡ（物理的攻撃兵器）と超能力少女（精神的攻撃兵器《サイコ》）——三枝未希は戦略室の要請で関西空港建設工事現場でゴジラと精神波で戦います——それにG細胞から作られる抗核エネルギーバクテリア（生体兵器《バイオ》）を所有することになりました。

「ロボット工学、コンピューター、新素材に超伝導。先端技術のオンパレードだなァ。その上、超能力かぁ。自衛隊も変わったもんだなあ」

と皮肉っぽく嘆くのはゴジラ対策室勤務の自衛官、権藤一佐（峰岸徹）です。これに対して「もう一つあります」といって黒木特佐（高嶋政伸。お父さんの高島忠夫は『キングコング対ゴジラ』1962 等の昭和シリーズで大活躍）は、

「生物兵器というものが」

と、にやりと笑います。

抗核エネルギーバクテリア（抗核バクテリア）というのは核物質の無効化という特性を持ったバクテリアという生物兵器です。核物質をエネルギー源とするゴジラ——いつからそういう

設定になったのかははっきりしませんが、ゴジラ1984では原子力発電所の腰を抜かした警備員（石坂浩二。昭和時代にはイケメンの代名詞的俳優で、後には四代目水戸黄門役者として知られています）の前で原子炉を抱いて恍惚としてご飯を食べている（核エネルギーを摂取している）ゴジラが描かれています――の体内に抗核バクテリアを注入することでゴジラを栄養失調にしてしまおうと、白神博士によって作られたバクテリアをロケット弾につめ、ゴジラに撃ち込みます。

しかし、大阪で抗核バクテリアが撃ち込まれた――ゴジラの口の中に撃ち込む権藤一佐がC《カッ》OOL《コイイ》――あともゴジラに衰えはなく福井の原発に迫ります。ゴジラ襲撃で停電している中、懸命に負傷者の手当をしている大阪の病院に明日香といた桐島は――「東京の惨状」（＃19）へのオマージュでしょう――冷却用の氷を見て、ゴジラの体温が低いことに気付きます。そこで対ゴジラ戦の指揮を執る防衛庁特殊作戦戦略室の黒木特佐は開発中のM六〇〇〇TCシステムを導入、人工的に落雷を起こしてゴジラの細胞の分子の活動を活発にし加熱する――要するに電子レンジです――作戦に出て、ゴジラの動きを止めることに成功します。ゴジラは日本海に倒れますが、後に冷却されて再起。一声吠えて日本海へ去って行きます。この場面がGODZILLA 2014のラストと重なります。

抗核バクテリアの開発目的は原発事故などを想定した放射能汚染に対するものでした。しかし、これは同時に核兵器の意義——最終兵器としての軍事行動に対する抑止力——を無効化することにもなります。桐島はこれをもって抗核バクテリアの開発に反対します。G細胞を保管していた大河内財団の当主（金田龍之介）——桐島の恋人、明日香の父——に対して右のような意見を述べる桐島の姿は、その熱血さで山根博士に抗弁する尾形の姿、内容的には尾形に弁明する芹澤博士と重なります。しかし、そのとき同席していた白神博士は桐島を見て「君は科学というものをわかっていない」と言い放ちます。後に桐島はビオランテが植物と人間とゴジラの遺伝子で作られたことが判明したときには、「これがあなたの言う科学ですか！」と憤慨します。

このように、本作では核よりもバイオテクノロジー（生命工学）が話題となって、科学者の倫理の問題を主題に展開されています。これはゴジラ 1954 での「なぜ、ゴジラを殺すことばかり考えて、物理衛生学の立場から研究しようとはしないのだ」という（#14）山根博士の問いに対する一つの回答とみることができるでしょう。そして、それでも芹澤博士の示した問題は解決されていません。

こうしてビオランテ **1989** はゴジラ **1984** の続編の位置を利用してゴジラ **1954** の世界へ直結《リンク》させた巧妙な作品として仕上がりました。その点、ストーリー的にではなく、作品の世界観という次元《レベル》でゴジラ1954の正統な後継作品と評することが許されるでしょう。

満足して楽屋に戻って後輩にパンフレットを見せつけたら「本当にいったんですか!?」とあきれられました。そして演奏会。マーラーの交響曲第一番「巨人」という大曲を加宮令一郎指揮で演奏したのでした。

さて、新たな評価、位置づけをされた平成ゴジラですが、昭和時代と同様、またシリーズ化されてゆきます。この作品で登場した超能力美少女、三枝未希がレギュラー出演し、昭和シリーズより全体の統一感を強めています。

かくしてゴジラが人類に恐怖を与える災厄の神として再定位されるとともに、反比例的に昭和時代にラスボス的大悪役怪獣であったキングギドラが人類に歩み寄ってきます。

『ゴジラvsビオランテ』1989に次ぐ『ゴジラvsキングギドラ』1991。昭和シリーズで悪役として幾度も登場し、ゴジラに匹敵する人気を博したキングギドラですが、メインタイトルに名が配せられたことはありません。その輝く金鱗が『地球最大の決戦』1964でオープニングの背景となっていますが、メインタイトルに名がでてくるのは――『怪獣大戦争』1965が再編集されて再公開されたときに「キングギドラ対ゴジラ」が用いられたことはありますが――平成シリーズを待たなければなりませんでした。ここでは現代人を滅ぼそうとする未来人の道具として、まず登場します。この作品は過去——ゴジラ誕生前史が旧日本軍と結び付けられて語られています——や未来を作品内に直接取り込んだ結果、時間転移装置を必要とし、必然的に前作より科学的現実味が薄れています。

未来人の現代への関与としてゴジラと戦い敗れたキングギドラは、現代人に味方する未来人女性——この物語は現代人と未来人との恋物語です——によって未来の文明力でメカキングギドラとして蘇り、再びゴジラと闘います。ここに至って黄金の三つ首竜は初めて人類の味方になったのでした。

(3) 横浜で護国聖獣

—— 二十一世紀のゴジラ（ゴジラ・モスラ・キングギドラ　大怪獣総攻撃）

凶悪宇宙怪獣であったキングギドラは、ミレニアム・シリーズに至ってとうとう日本の守り神になってしまいました。平成ガメラ三部作を作り上げた金子修介監督による『ゴジラ・モスラ・キングギドラ　大怪獣総攻撃』2001 でのことです。ここではゴジラに対してモスラ・バラゴン・キングギドラの三怪獣が「護国聖獣」として勝負を挑みます。

平成七年 1995、ゴジラはもう作らない、と東宝と円谷プロダクションが宣言して二十世紀は終わるはずでした。しかし世紀末の最後、平成十一年2000のお正月映画として、『ゴジラ２０００《ミレニアム》』1999が公開されて再度の復活を果たします。そのきっかけの一つにはGODZILLA 1998の公開があるでしょう。アメリカにおけるゴジラ解釈が日本のゴジラ愛好家たちに受け入れられなかったのです。『ジュラシック・パーク』1993のまがい物に見えたのも、ゴジラのプライオリティを自負する日本人の神経を逆撫でしたようにも思えます。ゴジラが日本人にとって、自分たちのアイデンティティを支える要素の一つになっていたことが、自覚されました。

金子作品はそういう流れの中で『ゴジラ×メガギラス　G消滅作戦』2000に続いて登場しました。昭和シリーズを観て育った世代、金子監督（昭和三十年生）のみならず押井守（昭和二十六年生）、伊藤和典（昭和二十九年生）、庵野秀明（昭和三十五年生）、樋口真嗣（昭和四十年生）といったクリエイター――その生み出す作品には共通して独特の〈現実感《リアリティ》〉が感じられます――が熟達の作品を送りだす時代となったのです。

この作品の主人公は、ＢＳ《衛星放送》のローカルＴＶ局のキャスターをしている立花由里（新山千春）という女性です。これはあるいはGODZILLA 1998のヒロイン、オードリーを意識しているのかもしれません。もともとゴジラ1954で萩原記者がところどころ重要な役どころを演じたり、また平河町の鉄塔で殉職したアナウンサーがいたり、報道関係者の位置づけは高いものがあります。以後のシリーズにも必ず報道関係者は時には主役、あるいは脇役と活躍してきています。その伝統の上にあるものとして、なおかつ GODZILLA 1998 との関係を考えるのは、オードリーも由里も、現在の境遇に不満をもち、ジャーナリストとしてしっかりした仕事をしたいと常に思っている基本的キャラクター設定、またマジソン・スクウェア・ガーデンでのオードリーによる怪獣の様子の実況中継と、由里による実況中継との相似による印象のためです。

GODZILLA 1998 ではオードリーが、恋人の博士とともに、

「ここにいる我々がどうなろうと、一刻も早くこのビルを破壊してください」

Regardless of what happens to us, the most important thing is that this building be destroyed immediately before they escape.

（引用はともに字幕による。日本語字幕、戸田奈津子）

と訴える——その直後、ゴジラが襲撃してきて、彼らは現場から脱出します——のに対し、由里ちゃんは、ゴジラの進撃の追跡中継途中で、

「信じてはもらえないでしょうが、ヤマトの守り神が再びゴジラに向かっています。防衛軍はこの怪獣を攻撃しないで欲しいんです。彼らは敵ではありません」

と訴えます。オードリーの中継と比べると〈要素の反転〉を起こしています。

由里ちゃんが「ヤマトの守り神」と言っているのが護国聖獣キングギドラそしてモスラです。「再び」とあるのは、同じ護国聖獣バラゴンが既に箱根でゴジラと闘って敗れているからです。この訴えをうけて立花准将――由里ちゃんのお父さん――は聖獣との共闘を決断します。由里ちゃんは、戦場となった横浜に到着し、ベイブリッジから中継します。

「防衛軍の戦士たちが、ゴジラを倒すべく潜水艇を操縦しています。その作戦が成功するかはわかりません。でも私はみんなを守ろうと戦っている者たちの姿を、どんな状況でも未来を守ろうと必死に頑張るその姿を、伝えます。しっかり最後まで」

そしてゴジラの熱線で橋脚が破壊され、由里ちゃんは海に落ちます。

これらの〈怪獣に襲われる実況放送現場〉というのは、平河町の鉄塔の場面を出典とすると見ることができるでしょう。

金子作品は、世界設定として、昭和二十九年1954にゴジラが日本に現れたこと――作品冒頭で立花准将の講義第一声で提示されます。ゴジラ1954の場面が直接引用され、その中に立花准将の幼年時が組み込まれています――と、「アメリカにもゴジラと酷似した巨大生物が出現し〈ゴジラ〉と名付けられたが、日本の学者は同類とは認めていない」という聴講している「防衛軍」（ゴジラ1954の「防衛隊」の後身という設定）兵士の私語とから、この物語の世界がゴジラ1954とGODZILLA 1998とを結びつけた時間軸上に設定されていることがわかります。同時にGODZILLA 1998のゴジラ映画史における評価にもなっています。

そして金子作品は〈ゴジラ英霊説〉を採用しています。作品内で、英霊を含む太平洋戦争で死んでいった人々——国籍を問わず——の怨念（残留思念）とゴジラを定義し、対してバラゴン・モスラ・キングギドラを「護国聖獣」として日本を守る存在に対置させます。

その結果、この作品は日本そのものを問う性格を帯びるようになりました。GODZILLA 1998を取り込んだこともあり、自分たちのアイデンティティを支えるゴジラに対して正面から英霊説を踏まえた右のような性格づけをすること自体、日本の過去に対する歴史認識を表明することになりますが、それに対して〈伝承〉によって名付けられた「護国聖獣」の在り方を、かなりステレオ・タイプに野放図な若者たち——暴走し、万引き（略奪）し、文化財を気に留めず、動物をイジメる残酷さ——を示すことで浮かび上がらせます。この若者たち——〈伝承〉に対置される存在——には罰《ばち》があたります。

巨大生物の予兆と出現をレポーターの報道を通して、伝承すなわち古くから伝わってきたものと現代すなわちいま体験している時代との距離を示しつつ、ゴジラの性格づけとキングギドラたちの性格づけがなされていく。その中に、歴史意識がうかびあがってくるように仕組まれています。主人公の位置も、オカルトのあやしげな番組を売り物にしている弱小放送局のレポーターという現実対応型の環境から実際に出現した超常的存在〈怪獣〉を通して事実報道のレポーターに至る、ある種の成長物語——未熟だった自分が事件を経験することでより完成された人格に成長する物語——的あるいは実現物語——主人公が自身の夢を達成させようとする物語——的要素を含んで、前の二項対立的設定〈俗悪／良識〉の中に置かれています。

歴史意識の問題を少しだけ掘り下げれば、英霊説を採用する以上〈軍隊〉の存在が色濃く浮かび上がってきます。すでにゴジラ映画は平成シリーズ『ゴジラvsキングギドラ』1991においても日本陸軍の部隊そのものを登場させていますが、由里ちゃんのベイブリッジからの中継に見られる通り、ここでは防衛隊が戦う現場を細かく描いて背景とし、そこに軍人である父とその娘——報道関係者——とを置いて国防と国民との間を示そうとしています。

「実戦経験のないことこそ最大の名誉でした」

という立花准将のことばは印象的です。防衛軍の初めての戦闘が対ゴジラ戦、いいかえれば太平洋戦争にかかわった人たちの残留思念との戦いということになります。ここから先の受け止め方は観客に委ねられます。ゴジラ1954もそうでしたが、人間のドラマで問題を提起し、ゴジラの荒れの描写で提起された問題に対して考えさせる。『大怪獣総攻撃』2001はゴジラ1954

を正面から受け止めた作品だと思います。

この作品のゴジラ映画史の中において特異な点として、ゴジラ 1954 で提起され伝承されてきた科学の問題ではなく、ゴジラを通して歴史認識を問題とした、いわば、理系のゴジラではない、文系のゴジラとして作られたということをあげることができるでしょう。

余談ですが、この作品の公開時、併映されたのが『劇場版とっとこハム太郎——ハムハムランド大冒険——』（監督、出崎統）でした。「大きなゴジラと小さなハム太郎」という趣向だそうですが（公開決定記者会見での東宝専務取締役の発言）、完成された『大怪獣総攻撃』の作品世界のもつ重さとハム太郎の世界の軽さ——軽薄という意味ではありません。製作スタッフは重厚です——の極端さにはとまどいもありました。お父さん向けと子ども向けではあっても、ハム太郎を見て楽しむ子どもがゴジラに耐えられるだろうか、と。ただ、このような二本立てに、昭和ゴジラを見て育った世代として、ある種の郷愁を覚えもしました。「東宝チャンピオンまつり」。例えば、左は昭和四十六年 1971 の冬休みの東宝チャンピオンまつりでの上映作品です。

『ゴジラ・モスラ・キングギドラ　地球最大の決戦』

『帰ってきたウルトラマン　「竜巻怪獣の恐怖」』

『いなかっぺ大将　「猫も歩けば雀に当たるだス」・「当たるも当たらぬも時の運だス」』
『みなしごハッチ　「忘れな草に願いをこめて」』
『マッチ売りの少女』

右の中でゴジラ作品（『三大怪獣　地球最大の決戦』の短縮再編集版のリバイバル）をメインに据え、ＴＶ放送されていた特撮・アニメ番組、オリジナルアニメが併映されています。右の前の回、夏休みの東宝チャンピオンまつりで『ゴジラ対ガイガン』が、次の昭和四十七年1972春休みの回で『ゴジラ対メガロ』が新作上映されています。『とっとこハム太郎』を見ている子どものお父さんたちが見ていたゴジラ映画はこういう環境の中にありました。併映は金子監督の趣向で、ハム太郎まで含めて昭和シリーズへのオマージュではないかとすら思いました。

(4)　富士の裾野に立つ雄姿 ―― 日本のゴジラ（ゴジラ　FINAL WARS）

平成二十六年2014はゴジラ六十周年ということで、GODZILLAが公開された夏休みには、ＢＳもＣＳもゴジラ映画をたくさん放送しました。ちょうど晩ごはん時だったので、いろいろと観る事ができましたが、国産最終作、『ゴジラ　FINAL WARS』2004は理屈を超越した作品でした。

これは早い話、ゴジラ映画の全てを解体し、ゴジラ映画的な要素(「お約束」)を抽出して再構成(コラージュ)しただけの作品です。いってみれば〈ゴジラの缶詰〉。いや、〈ゴジラ丼〉でしょうか。『海底軍艦』(昭和三十八年1963。原作は押川春浪が明治三十三年1900に発表した小説『海島冒険奇譚 海底軍艦』や『地球防衛軍』(昭和三十二年1957)などもトッピングされています。隠し味には仮面ライダー——作品途中にバイクを使ったカー・アクションがあります——や東映時代劇まで用いられているみたいです。

この作品は、冒頭、ゴジラと闘う地球防衛軍の轟天号——『海底軍艦』1963に登場した空飛ぶ潜水艦。クルーは平成シリーズのGフォースの面々(中尾彬・上田耕二ほか)——の戦いから始まります。そして主人公(松岡昌宏)とヒロイン(菊川怜)の登場。ヒロインは科学者ですが、かつての芹澤博士のように悩みは持ちません。気の強い女の子です。

公開されたころはちょうど「ツンデレ」——ツンツンデレデレの略で、好きな異性の前で素直になれない(ツン)けれども、何かのきっかけで好きという感情が現われる(デレ)性格的属性——という こ と ば《インターネット・スラング》が生み出されたころで、この美人科学者は主人公に対して最初反《ツ》発《ン》しますが、最後には信頼しあいます。ただしデレないので恋愛物語《ラブコメ》ではありません。

国連事務総長（宝田明――ゴジラ1954で尾形を演じていました）が、搭乗していた飛行機ごと行方不明となったところへ、地球上の各地に怪獣が出現して街を壊し始めます。香港、ニューヨーク、パリ、精巧に作られたミニチュアの世界の都市の中で、着ぐるみとは思えない素早い怪獣たちのアクションに圧倒されます。空飛ぶ円盤が現われ、怪獣たちが消え、X星人が人類の味方と称して行方不明だった国連事務総長を連れて登場します。そして地球防衛軍の波川司令官（水野久美――『怪獣大戦争』1965でX星人のスパイ波川、『南海の大決闘』1966ではダヨを演じていました）たちを連れ去り入れ替わって地球に侵入します。これだけで、『怪獣大戦争』1965や『地球最大の決戦』1964などが踏まえられていることがわかります。

物語の始まりでは新・轟天号がマンダ――『海底軍艦』1963に登場するムー帝国の守護獣――と闘っていますし、X星人が地球人に地球の危機を訴える姿は『地球最大の決戦』1964で「金星人」を名乗るセルジナ公国のサルノ王女（若林映子）の姿を思わせます。その地球の危機というのは「妖星ゴラス」の接近（『妖星ゴラス』昭和三十七年1962）ということになっていますし、東宝特撮映画てんこ盛りとしかいいようありません。シドニーを襲うのは「ジラ」という名称の与えられたGODZILLA 1998のゴジラですし、フランスで地球防衛軍の空中戦艦を襲うのはカマキラス、香港で暴れるのはアンギラス、日本にはエビラが登場します。さらに主人公と敵役（北村一輝）の戦闘シーンは米製映画『マトリックス』（平成十一年 1999）——日本のアニメの影響を大きくうけている映画です——の画面を彷彿とさせますし、とにかく祝祭《おまつ》的賑《りさわぎ》やかさに事欠きません。

そしてゴジラは冒頭に描かれたように過去に轟天号と闘って南極に冷凍された存在として置かれています。南極に凍結されるに至ったのは、轟天号との戦いの中、氷のクレパスの中に落下した——〈落下するゴジラ〉は、『キングコング対ゴジラ』1962・『モスラ対ゴジラ』1964 では崖から海中へ、ゴジラ 1984 では三原山の火口の中へと多用されています——ゴジラを轟天号が攻撃によって雪崩を起こして氷の中に埋もれさせたからです。〈氷に埋もれるゴジラ〉は『ゴジラの逆襲』1955 で用いられた要素です。

そのゴジラが宿敵轟天号（ただし新型）によって眠りを覚まされて、各地に現れた怪獣たち——X星人によって支配されています——と闘って撃破するというバトル物的展開で進行します。この作品でのゴジラはとにかく強く、ヘドラもエビラもジラも一撃。カマキラスも尻尾一振りで破ります。その戦いは、東映時代劇の剣豪——例えば早乙女主水之介《さおとめもんどのすけ》『旗本退屈男』、市川歌右衛門）——を思わせます。さらに、サッカーブームを取り込んで、アンギラスをボールにして、キング・シーサーたちとＰＫ戦を行ってみせます。ゴジラは名キーパーです。これは

「シェー」をするゴジラの伝統です。

一方、それらと全く異なる場所、富士山麓――『地球最大の決戦』1964・『怪獣大戦争』1965など何度も怪獣たちの戦場になりました――にゴジラの息子が出現します。平成シリーズでは、『REX――恐竜物語』1993を強く意識した作品『ゴジラvsメカゴジラ』1993でベビーゴジラが登場し、『ゴジラvsスペースゴジラ』1994を経て『ゴジラvsデストロイア』1995まで三枝未希とレギュラー出演、成長すらしますが、こちらのゴジラの息子は昭和シリーズのミニラ（『怪獣島の決戦　ゴジラの息子』1967）の復活です。

怪獣バトルは東京でモスラも参戦してゴジラとガイガン――ゴジラが出演していた『流星人間ゾーン』1973にも悪役でゲスト出演していました――に最終兵器、妖星ゴラスがカイザーギドラ（新作怪獣ですが、結局は足の増えたキングギドラです）となって加わり、最終決戦となります。〈お約束〉通り苦戦するゴジラですが轟天号の助けを得て勝利します。そして本来の敵、轟天号と闘うべく、主人公たちと向き合います。そこにミニラが駆けつけて、両者のいがみあいをひきわけます。こうしてX星人を平定したゴジラは、ミニラと連れ立って夜明けの海に帰ってゆきます。『メカゴジラの逆襲』1975の最後に重なるラスト・シーンは旭日《きょくじつ》つまり昇る太陽（日の丸）を背景に人類にむかって誇り高く咆哮するゴジラです。

ゴジラ映画が最後にたどりついたのは、理屈《からごころ》のない、ただ〈ゴジラ〉を感じさせる情趣《もののあはれ》で描かれた物語で、要するに富士山と日の丸を背に立つ昭和のゴジラの世界だったのです。ゴジラは英霊どころか昭和という時代を経て今に在る日本を象徴するキャラクターにまで育ったといっていいでしょう。

切、怪獣王ゴジラ

幼いとき伯母の家で、テレビ放送で見た白黒映画『ゴジラ』（ゴジラ1954）のインパクトは忘れられません。まず、冒頭の伊福部サウンドの魅力。次に、白骨化してゆくゴジラの映像。そして哀しく長くひきずられる末期《まつご》の咆哮。これが、原体験です。心に残った伊福部サウンドについても、この後、中学生になって『交響譚詩』のレコードを求めて都内中を歩き回り東京文化会館で巡り会うことになり、さらに芥川也寸志指揮新交響楽団の演奏会にたどりつくのですが、それはともかく。

大学に進み北欧の神話《エッダ・サーガ》や叙事詩《カレワラ》などを学び、大学院では『古事記』を学びつつ、あの白骨の姿と咆哮の声は、いつも頭の中にありました。怪獣映画とかテレビまんががまだ市民権を得ず、一段低くみられていた時代。ドリフターズのコントが低俗といわれていた時代。赤塚不二夫のギャグマンガが俗悪といわれていた時代の話です。携帯電話もインターネットも、ＶＨＳビデオテープすら一般的ではない時代に、古い作品を見るための努力はたいへんでした。だから昭和五十九年1984のゴジラ復活に先立ち、おりしも旧日劇ビル解体直前のイベントとしての、それまでのゴジラ映画の一挙上映会は貴重な機会でした。もちろんすべてを観ることは経済的理由で適《かな》いません。そこで珍品を観ることにしました。それが米製の『Godzilla, the king of Monster』（邦題『怪獣王ゴジラ』1956）。ゴジラを一躍世界的キャラクターに押し出したこの作品はゴジラ1954の米製改作です。けっこう楽しめたのですが、それは作品としてより、改作（怪作?）としての面白さでした。

この作品はゴジラ六十周年の賑わいの中で、ＢＳでも放映されました。あらためて観てみて、ここまでアレンジされていたのか、と唖然としました。そして一瞬おいて、納得しました。

この作品は、合衆国の記者が日本に立ち寄ったところゴジラの襲撃にまきこまれたという設定——GODZILLA 2014にも父を引き取りに日本に赴いた主人公がムートーの襲撃にまきこまれるという形で援用されています——で、そのレポートという形で製作（編集）されています。そこでゴジラ1954＃19「東京の惨状」の、あの焦土の場面が冒頭でいきなり流れて物語は始まります。したがってゴジラ1954の、まず謎が提示されて、解決としてゴジラがあらわれ、暴れまわったあとの結果としてこの焦土が映し出されるときの衝撃をわれわれ——日本語を母国語として育った者たち――は得ることができません。日本映画としての文法が失われているからです。米映画だから当然ですが。

『怪獣王ゴジラ』1956のストーリーは、オリジナルのゴジラ1954とおおむねかかわりはありません。主人公の米人記者に対して日本人側が見せるＶＩＰ待遇や、やりとりに見える日本人の卑屈さ――再編集時にアメリカ《USA》で撮影されて挿入された場面――が気になるところですが、それは米製映画なのだから仕方がないでしょう。だからこそ冒頭に「東京の惨状」がくるのは残念なのですが、逆に合衆国のクリエイターがゴジラ1954のポイントを的確に見抜いているということにも気づかされます。Godzilla 1956はゴジラ1954の翻訳です。日本語から英語に翻訳するようなものだ、と考えた時、「東京の惨状」は動詞にあたる位置にあるので、Ｓ《主語》Ｖ《動詞》Ｏ《目的語》構造の言語を用いるアメリカ人に向けて改作されるとき、冒頭にこれが置かれるのは自然なことなのでしょう。

○

ゴジラ六十周年の年、日本文学科また日本文学文化学科でゴジラを教材にしようときめたときに、最も注意したのは「国文学の授業になること」でした。

「ゴジラ」をどう国文学として読むか。

たとえば『萬葉集』の歌を読むということを考えてみましょう。作者や作歌事情およびその歴史的背景、あるいは歌表現の背後にある漢文学の表現世界についての論文や解説、評論は多くみかけます。でも、五七五七七＝三十一文字の様式の中に、なぜその言葉が作歌環境の中から選ばれ、それらのことばが互いにどう響き合っているのかを追求した論にであうことは――一部の歌を除いて――めったにありません。作者（詠者）の表現意図のもと、歌の作られた環境にあって、なぜその言葉が立ち上げられ、歌の中の他の言葉とどうかかわりあって、その作品ならではの世界を描いているのか。それを追究するのが、歌を読むという行為のはずです。

そう考えると、ゴジラ1954を扱うなら、その場面の成立を時代環境の中に置いて説明する註釈形式しかない、と全十五回の授業計画を組み立ててみました。そして半ば論理を弄《もてあそ》びつつも、講釈する中でこの映画が日本文学の伝統の上に成立し、さらに普遍的なメッセージを内在させつつ緊密な表現をもって作られていることを実感しました。おそらくそれは、作られた時代が過去となり、冷静に時代と表現とを観察できる「今」になったから得られる実感だと思います。公開当初は人気があっても、結局は「娯楽映画」「怪獣映画」「ゲテモノ映画」として、数多く送り出される興行作品の一つとして埋もれてゆくはずだったのが、公開年より後に生まれた者たちによって発見され、再評価されていったのがゴジラ1954です。そこに〈古典〉と呼びうる作品が顕れてくる現場を見出せたように思います。
だから「怪獣ゴジラの文藝学」の試みは敬愛する鈴屋大人《本居宣長》にあやかって『ゴジラ傳』というメインタイトルにしました。

作品を生み出した時代と、その時代に生きた古老たちの話に導かれて、いままたゴジラは海外で再生産され、何度目かの評価に晒されています。晒すごとに白く美しく頑丈になってゆく布のようにゴジラも古典作品として、人に哀しみと喜びと希望がある限り、生きながらえることでしょう。

■ゴジラ映画作品一覧■

『ゴジラ』（昭和二十九年1954）公開日、十一月三日。

監督、本多猪四郎。脚本、村田武雄・本多猪四郎。製作、田中友幸。

特殊技術、円谷英二。音楽、伊福部昭。

登場怪獣、ゴジラ。

観客動員数、九百六十一万人。

備考、同時上映『仇討珍剣法』（宝塚映画作品。監督、斎藤寅次郎。脚本、松浦健郎。主演、花菱アチャコ）。ＴＶ初放映は昭和四十二年1967　ＮＨＫ総合テレビ。再上映は、昭和五十四年1979「特集興行『ゴジラ映画大全集』」。


『ゴジラの逆襲』（昭和三十年1955）公開日、四月二十四日。

監督、小田基義。脚本、村田武雄・日高繁明。製作、田中友幸。

特技監督、円谷英二。音楽、佐藤勝。

登場怪獣、ゴジラ・アンギラス。

観客動員数、八百三十四万人。

備考、同時上映『弥次喜多漫才道中　化け姫騒動の巻』（宝塚映画作品。監督、佐伯幸三。脚本、倉谷勇。主演、夢路いとし喜味こいし）。

【昭和ゴジラシリーズ】――十三作品
『キングコング対ゴジラ』（昭和三十七年 1962）公開日、八月十一日。

監督、本多猪四郎。脚本、関沢新一。製作、田中友幸。

特技監督、円谷英二。音楽、伊福部昭。

登場怪獣、ゴジラ・大タコ・大トカゲ・キングコング。

観客動員数、千百二十万人。

備考、同時上映『私と私』（原作、中野実。監督、杉江敏夫。脚本、笠原良三。主演、ザ・ピーナッツ）。昭和四十五年 1970　短縮版再上映『キングコング対ゴジラ』公開日、三月二十一日「東宝チャンピオンまつり」。併映『巨人の星「大リーグ・ボール」』『アタック№1』ほか。昭和五十二年 1977　短縮版再々上映『キングコング対ゴジラ』公開日、三月十九日。併映『ヤッターマン』『まんが日本昔ばなし「桃太郎」』ほか。


『モスラ対ゴジラ』（昭和三十九年 1964） 公開日、四月二十九日。

監督、本多猪四郎。脚本、関沢新一。製作、田中友幸。

特技監督、円谷英二。音楽、伊福部昭。

登場怪獣、ゴジラ・モスラ（成体一匹・幼体二匹）。

観客動員数、三百五十一万人。

備考、昭和四十五年 1970 短縮版再上映『モスラ対ゴジラ』公開日、十二月十九日「東宝チャンピオンまつり」。併映『アタック№1 涙の世界選手権』『昆虫物語 みなしごハッチ』ほか。昭和五十五年 1980 再編集短縮版上映。同時上映『ドラえもん のび太の恐竜』。


『三大怪獣 地球最大の決戦』（昭和三十九年 1964） 公開日、十二月二十日。

監督、本多猪四郎。脚本、関沢新一。製作、田中友幸。

特技監督、円谷英二。音楽、伊福部昭。

登場怪獣、ゴジラ・ラドン・モスラ（幼体）・キングギドラ。

観客動員数、四百三十二万人。

備考、同時上映『花のお江戸の無責任』（監督、山本嘉次郎。脚本、山本嘉次郎・田波靖男。音楽、萩原哲晶・宮川泰。主演、ハナ肇とクレージーキャッツ）。昭和四十六年 1971 短縮版再上映『ゴジラ・モスラ・キングギドラ　地球最大の決戦』公開日、十二月十二日「東宝チャンピオンまつり」。併映作品は194頁参照。

『怪獣大戦争』（昭和四十年 1965）公開日、十二月十九日。

監督、本多猪四郎。脚本、関沢新一。製作、田中友幸。

特技監督、円谷英二。音楽、伊福部昭。

登場怪獣、キングギドラ（怪獣ゼロ）・ゴジラ（怪獣０１）・ラドン（怪獣０２）。

観客動員数、三百七十八万人。

備考、同時上映『エレキの若大将』（監督、岩内克己。脚本、田波靖男。主演、加山雄三）。昭和四十六年 1971　短縮版再上映『怪獣大戦争　キングギドラ対ゴジラ』公開日、三月十二日「東宝チャンピオンまつり」併映『アタックNo.１　涙の不死鳥』『いなかっぺ大将』『ムーミン』『昆虫物語　みなしごハッチ』。


『ゴジラ・エビラ・モスラ　南海の大決闘』（昭和四十一年1966）公開日、十二月十七日。

監督、福田純。脚本、関沢新一。製作、田中友幸。

特技監督、円谷英二。音楽、佐藤勝。

登場怪獣、エビラ・大コンドル・ゴジラ。

観客動員数、三百四十五万人。

備考、同時上映『これが青春だ！』（監督、松森健。脚本、須崎勝弥。音楽、いずみたく。主演、夏木陽介）。昭和四十七年1972短縮版再上映『ゴジラ・エビラ・モスラ　南海の大決闘』公開日、七月二十二日「東宝チャンピオンまつり」。併映『赤胴鈴之介』『ミラーマン「生きかえった恐竜アロザ」』『樫の木モック「ぼくはなかない」』『天才バカボン「別れはつらいものなのだ」』


『怪獣島の決戦　ゴジラの息子』（昭和四十二年1967）公開日、十二月十六日。

監督、福田純。脚本、関沢新一・斯波一絵。製作、田中友幸。

特技監督、有川貞昌。音楽、佐藤勝。

登場怪獣、カマキラス・ミニラ・クモンガ・ゴジラ。

観客動員数、二百四十八万人。

備考、同時上映『君に幸福を センチメンタル・ボーイ』（監督、丸山誠治。主演、舟木一夫）。

昭和四十八年 1973 短縮版再上映『怪獣島の決戦 ゴジラの息子』公開日、八月一日「東宝チャンピオンまつり」。併映『レインボーマン 「殺人プロフェッショナル」』『ウルトラマンタロウ 「ウルトラの母は太陽のように」』『科学忍者隊ガッチャマン 「火の鳥対人喰い竜」』『おもちゃ屋ケンちゃん 「よそではいい子」』『山ねずみロッキーチャック「ロッキーとポリー」』


『怪獣総進撃』（昭和四十三年 1968）公開日、八月一日。

監督、本多猪四郎。脚本、馬淵薫・本多猪四郎。製作、田中友幸。

特技監督、有川貞昌。音楽、伊福部昭。

登場怪獣、ゴジラ・ミニラ、ラドン、アンギラス・モスラ幼虫、マンダ、バラゴン・ゴロザウルス、バラン、クモンガ・キングギドラ。

観客動員数、二百五十八万人。

備考、同時上映『海底軍艦』（昭和三十八年1963作品の短縮版。原作、押川春浪。監督、本多猪四郎。特技監督、円谷英二。音楽、伊福部昭）・『海ひこ山ひこ』（アニメ作品。監督、渡辺和彦。音楽、三善晃）。昭和四十七年1972　短縮版再上映『ゴジラ電撃大作戦』公開日、十二月十七日「東宝チャンピオンまつり」。併映『怪獣大奮戦　ダイゴロウ対ゴリアス』（円谷プロ作品。監督、飯島敏宏。脚本、千束北夫。音楽、冬木透）・『パンダコパンダ』（東京ムービー製作。監督、高畑勲。脚本、宮崎駿。音楽、佐藤允彦）。


『ゴジラ・ミニラ・ガバラ　オール怪獣大進撃』（昭和四十四年1969）公開日、十二月二十日。

監督、本多猪四郎。脚本、関沢新一。製作、田中友幸。

特技監督、本多猪四郎。音楽、宮内國郎。

登場怪獣、ミニラ・カマキラス・ガバラ・ゴジラ。

観客動員数、百四十八万人。

備考、「東宝チャンピオンまつり」（第一回）。併映『コント55号　宇宙大冒険』（監督、福田純。脚本、ジェームズ三木）・『巨人の星　「行け行け飛雄馬」』。

『ゴジラ対ヘドラ』（昭和四十六年1971）公開日、七月二十四日。

監督、坂野義光。脚本、馬淵薫・坂野義光。製作、田中友幸。

特技監督、中野昭慶。音楽、眞鍋理一郎。

登場怪獣、ヘドラ・ゴジラ。

観客動員数、百七十四万人。

備考、「東宝チャンピオンまつり」。併映『帰ってきたウルトラマン』『いなかっぺ大将　「猛獣の中にわれ一人だス」「オオ！　ミステークだス」』『昆虫物語　みなしごハッチ　「傷だらけのバレリーナ」』『まんが日本昔ばなし　「わらしべ長者」』。

『地球攻撃命令　ゴジラ対ガイガン』（昭和四十七年1972）公開日、三月十二日。

監督、福田純。脚本、関沢新一。製作、田中友幸。

特技監督、中野昭慶。音楽、伊福部昭。

登場怪獣、ゴジラ・アンギラス・ガイガン・キングギドラ。

観客動員数、百七十八万人。

備考、「東宝チャンピオンまつり」。併映、『ミラーマン』『帰ってきたウルトラマン　「次郎くん怪獣にのる」』『樫の木モック』『昆虫物語　みなしごハッチ　「ママにだかれて」』『天才バカボン　「夜まわりはこわいのだ」』


『ゴジラ対メガロ』（昭和四十八年1973）公開日、三月十七日。

監督・脚本、福田純。製作、田中友幸。

特技監督、中野昭慶。音楽、眞鍋理一郎。

登場怪獣、ゴジラ・アンギラス・ジェットジャガー・メガロ・ガイガン。

観客動員数、九十八万人。

備考、「東宝チャンピオンまつり」。併映、『飛び出せ！　青春』（監督、高瀬昌弘。脚本、鎌田敏夫）・『パンダコパンダ　雨ふりサーカスの巻』（東京ムービー製作。監督、高畑勲。脚本、宮崎駿。音楽、佐藤允彦）・『ジャングル黒べえ』。


『ゴジラ対メカゴジラ』（昭和四十九年1974）公開日、三月二十一日。

監督、福田純。脚本、山浦弘靖・福田純。製作、田中友幸。

特技監督、中野昭慶。音楽、佐藤勝。

登場怪獣、アンギラス・メカゴジラ（偽ゴジラ）・ゴジラ・キングシーサー。

観客動員数、百三十三万人。

備考、「東宝チャンピオンまつり」。併映『ハロー！　フィンガー5』（監督、福原進。主演、フィンガー5）・『新造人間キャシャーン　「不死身の挑戦者」』『ウルトラマンタロウ　「血を吸う花は少女の精」』『侍ジャイアンツ　「殺生河原の決闘」』『アルプスの少女ハイジ』。


『メカゴジラの逆襲』（昭和五十年 1975）公開日、三月十五日。

監督、本多猪四郎。脚本、高山由紀子。製作、田中友幸。

特技監督、中野昭慶。音楽、伊福部昭。

登場怪獣、メカゴジラⅡ・チタノザウルス・ゴジラ。

観客動員数、九十七万人。

備考、「東宝チャンピオンまつり」。併映『新八犬伝　第一部「芳流閣の決斗」』『アグネスからの贈りもの』（監督、山名兌二。脚本、田波靖男。主演、アグネス・チャン）・『アルプスの少女ハイジ　「山の子たち」』『はじめ人間ギャートルズ　「マンモギャー」』『サザエさん

「送辞をよむぞ！」』。

【平成ゴジラシリーズ】――七作品

『ゴジラ』（昭和五十九年 1984）公開日、十二月十五日。
監督、永原秀一。脚本、橋本幸治。製作・原案、田中友幸。
特技監督、中野昭慶。音楽、小六禮次郎。
登場怪獣、ショッキラス・ゴジラ。
スーパーウェポン、スーパーX。
観客動員数、三百二十万人。

『ゴジラvsビオランテ』（平成元年 1989）公開日、十二月十六日。
監督・脚本、大森一樹。製作、田中友幸。
特技監督、川北紘一。音楽、すぎやまこういち。
登場怪獣、ゴジラ・ビオランテ。
スーパーウェポン、スーパーXⅡ・抗核バクテリア・M六〇〇〇TCシステム。

観客動員数、二百万人。

『ゴジラvsキングギドラ』(平成三年1991)公開日、十二月十七日。
監督・脚本、大森一樹。製作、田中友幸。
特技監督、川北紘一。音楽、伊福部昭。
登場怪獣、ゴジラ・ゴジラザウルス・ドラット・キングギドラ。
スーパーウェポン、メカキングギドラ。
観客動員数、二百七十万人。

『ゴジラvsモスラ』(平成四年1992)公開日、十二月十二日。
監督、大河原孝夫。脚本、大森一樹。製作、田中友幸。
特技監督、川北紘一。音楽、伊福部昭。
登場怪獣、ゴジラ・モスラ・バトラ。
スーパーウェポン、メーサー攻撃機。
観客動員数、四百二十万人。

『ゴジラvsメカゴジラ』（平成五年 1993）公開日、十二月十一日。
監督、大河原孝夫。脚本、三村渉。製作、田中友幸。
特技監督、川北紘一。音楽、伊福部昭。
登場怪獣、ゴジラ・ベビーゴジラ・ラドン。
スーパーウェポン、メカゴジラ・ガルーダ。
観客動員数、三百八十万人。

『ゴジラvsスペースゴジラ』（平成六年 1994）公開日、十二月十日。
監督、山下賢章。脚本、柏原寛司。製作、田中友幸。
特技監督、川北紘一。音楽、服部隆之。
登場怪獣、ゴジラ・リトルゴジラ・フェアリーモスラ・スペースゴジラ。
スーパーウェポン、MOGERA。
観客動員数、三百四十万人。

『ゴジラvsデストロイア』(平成七年1995)公開日、十二月九日。
監督、大河原孝夫。脚本、大森一樹。製作、田中友幸・富山省吾。
特技監督、川北紘一。音楽、伊福部昭。
登場怪獣、デストロイア・ゴジラジュニア・ゴジラ。
観客動員数、四百万人。

【ミレニアムシリーズ】――六作品
『ゴジラ２０００《ミレニアム》』(平成十一年1999)公開日、十二月十一日。
監督、大河原孝夫。脚本、柏原寛司・三村渉。製作、富山省吾。
特殊技術、鈴木健二。音楽、服部隆之。
登場怪獣、オルガ・ゴジラ。
観客動員数、二百万人。

『ゴジラ×メガギラス　G消滅作戦』(平成十二年2000)公開日、十二月十六日。
監督、手塚昌明。脚本、柏原寛司。製作、富山省吾。

特殊技術、鈴木健二。音楽、大島ミチル。

登場怪獣、メガヌロン・メガニューラ・メガギラス・ゴジラ。

観客動員数、百三十五万人。


『ゴジラ・モスラ・キングギドラ　大怪獣総攻撃』（平成十三年2001）公開日、十二月十五日。

監督、金子修介。脚本、長谷川圭一・横谷昌宏・金子修介。製作、富山省吾。

特殊技術、神谷誠。音楽、大谷幸。

登場怪獣、ゴジラ・バラゴン・モスラ・キングギドラ。

観客動員数、二百四十万人。

備考、同時上映『劇場版とっとこハム太郎　ハムハムランド大冒険』（監督、出崎統）。


『ゴジラ×メカゴジラ』（平成十四年2002）公開日、十二月十四日。

監督、手塚昌明。脚本、三村渉。製作、富山省吾。

特殊技術、菊池雄一。音楽、大島ミチル。

登場怪獣、ゴジラ。

スーパーウェポン、三式機龍（メカゴジラ）。

観客動員数、百七十万人。

備考、同時上映『とっとこハム太郎　ハムハムハムージャ！　幻のプリンセス』（監督、出崎統）。


『ゴジラ×モスラ×メカゴジラ　東京ＳＯＳ』（平成十五年2003）公開日、十二月十三日。

監督、手塚昌明。脚本、横谷昌宏・手塚昌明。製作、富山省吾。

特殊技術、浅田英一。音楽、大島ミチル。

登場怪獣、ゴジラ・カメーバ・モスラ（幼体・成体）。

スーパーウェポン、三式機龍（メカゴジラ）。

観客動員数、百十万人。


『ゴジラ　FINAL WARS』（平成十六年2004）公開日、十二月四日。

監督、北村龍平。脚本、三村渉・桐山勲。製作、富山省吾。

特殊技術、浅田英一。音楽、キース　エマーソン・森野宣彦・矢野大介。

登場怪獣、ゴジラ・マンダ・ラドン・アンギラス・カマキラス・ジラ（エメリッヒ・ゴジラ）・エビラ・キングシーサー・ミニラ・ガイガン・クモンガ・ヘドラ・モスラ・カイザーギドラ。

スーパーウェポン、海底軍艦轟天号（旧型・新型）・空中戦艦「エクレール」・空中戦艦「火龍」・空中戦艦「ランブリング」・メーサー車。

観客動員数　百万人。

あとがき —— ミュージック&ブックレビュー

最近の大学の授業は、シラバスという授業計画書を事前に学生に提示しなくてはなりません。授業回数も春学期《セメスター》・秋学期それぞれ十五週と決まっていて、とくにわたしの勤める東海大学は完全セメスター制なので、二単位科目だと十五回、四単位科目だと三十回——つまり週に二回授業があります——の授業計画を立てなくてはなりません。一学期十五週の授業回数——したがって春学期だと四月第二週から七月第四週まで、これに定期試験期間が八月の第一週におかれて、夏休みとなりますが、そこでは集中講義があったりします。秋学期は九月第三週には始まります——を守るのが最優先とされて、どこの大学もハッピー・マンデーだろうと勤労感謝の日だろうと、平常通り授業が行われるようになったので、大学の学生や教職員にとって「連休」ということばはもはや死語といってもいいくらいになりました。

さらに最近ではシラバスに、各回の講義内容の項目の中に「予習」「復習」についてのコメントも要求されています。ゴジラ1954を教材にするとして、なにより学生にはまず「予習」として作品を見てもらわなくてはなりません。「予習」の報告として、授業前に、作品を見た感想をレポートとして書かせ回収してみました。予想外の回答が、「エンドロールが最初に出てくる」ことを驚くものでした。ゴジラ1954の最後は「終」が出るだけです。今のように、延々とキャスト・スタッフ・関係者名が流れたりはしない。昭和時代の映画を知っている者にとっては当たり前のことですが、平成生まれの子たちの目にはヘンに映る。彼ら彼女らの映画観に驚かされました。

つまり、その次元から授業を立ち上げなければならないということです。

文学部の学生のレポートをいくつか紹介しておきましょう。

スタッフロールが最初だったことに驚いた。正直演技があまりうまくないと思った。今はレッスンなどがあるためうまいのだろうか。（中略）ＴＶ中継をしていてアナウンサーの実況が深刻そうでなく軽快だったので違和感を感じた。（以下略）

（文芸創作学科二年生女子）

今回一九五四年版の「ゴジラ」を観てまず思ったが、この間公開されたハリウッド版

「GODZILLA」（ゴジラシリーズはこれしか観ていないのですが）のようにゴジラがある種人類の救世主となっているような描写が全くなかったということです。むしろ災厄をもたらす大怪獣・人類への復讐を行う悪いイメージだけで話が構成されていたように思います。水爆実験を行った人間側に自業自得と言っていい程の禍いがもたらされるこのストーリーからは、「このまま自然破壊（汚染）をし続ければいつかその報いを受けることになるぞ」というメッセージが読みとれるのではないでしょうか。（略）全体的に白黒で小さな画面で、かつ音声が聞き取りづらい部分もありましたが、元祖怪獣映画なだけあってテーマが壮大でした。

（日本文学科二年生女子）

幼い頃から、両親の影響でゴジラを知ってはいたが、映画を観たのは初めてだった。当時から大きな恐怖心を抱いており、大人になった今でもその恐怖は顕在《ママ》であると感じた。観た率直な感想としては、六十年前の映画でＣＧやセットもない中で、これだけ恐怖感を出せることが圧巻だった。（略）現代人であるためカラー映像に慣れているせいか、白黒映画はみにくいと感じた。何回か白黒映画も観たことはあり、直前にも戦争関連の映像を観たが、目を凝らしていないと見えない部分が多かった。しかしカラー映像が主流になってしまった現代だからこそ、白黒映画の貴重さやカラー映像にはない趣きや味を感じることができると思う。セリフが少し聞き取りにくくも感じた。機材の関係なのかもしれないが、役者さん自体も少し早口に話しているように聞こえ、そのせいもあるのではないかと感じた。更に役柄ごとに名前はついているのであろうが、紹介も出てこないため把握できず、役者に感情移入はしないものの、それだけ「ゴジラ」という存在に注目してしまうのだと思った。（以下略）

（日本文学科四年生女子）

『ゴジラ』は初めてだったが、音による演出が印象的だった。冒頭のタイトルからスタッフクレジットの間、ゴジラの鳴き声が数回、後にテーマ曲が流れるが、その間にも鳴き声が数回挟まれていた。これによりこれから登場するゴジラの輪郭をぼんやりと想像させ、視聴者の恐怖心を煽る効果があると推測する。音といえば、テーマ曲の使われ方も印象的だった。戦車が出撃する場面、戦闘機が到着する場面でも流れている。対して山の向こうからゴジラが頭を出す場面など、ゴジラが登場する場面では必ずといっていいほど「ドーン、ドーン」という音が使われている。ゴジラのテーマ曲と思っていたものがむしろ人間側に使われていたことが驚きだった。また人間側の力（軍事力）の大きさを象徴する場面にテーマ曲が使われることで勇ましさや猛々しさを表し、逆にゴジラには怪獣、人類の敵というおどろおどろしさを印象づけるために「ドーンドーン」という音を使うという構造を持っていると推測する。（以下略）

（日本文学科四年生男子）

いかがでしょう。ほかにもいろいろあるのですが、多くは右のような回答のどれかと同じような内容になっています。

実は十年前にも一度ゴジラ**1954**を教材として、ほぼ同じ内容の授業をしたことがあります。このときの学生の反応も右とほとんどかわりはありません。

このときはかつての教養科目に相当する授業を持たされたのですが、履修対象者が工学部の光工学科（現在は光・画像工学科）と生命化学科の学生だったので、光工学＋生命化学＝ゴジラとメーサーという安直な発想で、頭の中では、伊福部昭の『ＳＦ交響ファンタジー第二番』が鳴り響きだし、名作映画『ゴジラ』の授業となったのでした。今回はその時の授業を骨格として、より文学部的に深めたものなのです。

ゴジラ映画の音楽を多く担当した伊福部昭の作品は、平成の御世になってサウンドトラック盤のゴジラ全集が出されたこともありますし、伊福部昭の映画作品集もたくさんリリースされています。しかし昭和時代後半、ＬＰレコードの時代には録音はもちろん演奏会でもほとんどとりあげられることはありませんでした。ところが昭和の終わりにゴジラ再評価の中で、伊福部自身が、それまでかかわった怪獣映画作品の音楽の中から編曲して演奏会ピースとして発表します。『ＳＦ交響ファンタジー第一番・第二番・第三番』『和太鼓と管弦楽のためのロンド・イン・ブーレスク』がそれで、昭和五十八年1983に日比谷公会堂で初演されました（汐澤安彦指揮東京交響楽団）。ゴジラ復活の前年のことです。もちろん聴きにいきましたし、ライブ盤がＬＰレコード――ＣＤ盤の発売は昭和五十七年1982からで、当時は再生機の価格も十五万円以上しました――で発売され、即時に購入しました。いまではＣＤ盤で再発売されています（キングレコード K32X-7034）。最近では全曲盤として広上淳一指揮日本フィルハーモニー交響楽団演奏盤（キングレコード KICC-178）があります。個人的には『海底軍艦』の音楽がメインとなっている第三番が好きなのですが、人気のあるのはやはり『ゴジラ』メインの第一番で、こちらだけなら小松和彦指揮東京交響楽団盤、石井真木指揮新交響楽団盤、和田薫指揮東京フィルハーモニー交響楽団盤、ヤブロンスキー指揮ロシアフィルハーモニー管弦楽団盤などたくさんあって聴き比べが楽しめます。第二番ではメーサーの活躍する『サンダ対ガイラ』の自衛隊マーチが聴かれます。

またその後、平成シリーズの『ゴジラvsキングギドラ』も編曲されて音盤化されています(『交響ファンタジー　ゴジラvsキングギドラ』石井真木指揮新星日本交響楽団)。さらに弟子の和田薫によって劇伴版の復元もなされて、『組曲『ゴジラ』』として斎藤一郎指揮オーケストラ・トリプティークの演奏でCD発売されています。

伊福部作品は怪獣物だけではありません。『シンフォニア・タプカーラ』、『交響譚詩』、『日本狂詩曲』、『土俗的三連画』、『リトミカ・オスティナータ』、『ラウダ・コンチェルタータ』、『日本の太鼓ジャコモコ・ジャンゴ』、『釈迦』、『プロメテの火』……現在のあふれるばかりの伊福部作品のCDをみると、作品を求めて中古レコード屋を探し歩いた昭和の昔が信じられません。

さて、ゴジラについてはたくさんの著作が世にでています。書庫から引っ張り出したり、新たに買い求めて参考にしたり、あとから見つけて読んでみたら既に同じことを云われているのに気付いたりした文献は次の通りです。

〔辞典系〕

白石雅彦『平成ゴジラ大全』平成十四年 2002、双葉社。

『別冊映画秘宝　初代ゴジラ研究読本』平成二十六年 2014、泉洋社。

野村宏平編『ゴジラ大辞典〔新装版〕』平成二十六年 2014、笠倉出版社。

片山杜秀責任編集『ＫＡＤＯＫＡＷＡ夢ムック　文藝別冊〔総特集〕伊福部昭――ゴジラの守護神・日本作曲界の巨匠』平成二十六年 2014、河出書房新社。

〔作品系〕

香山滋『怪獣ゴジラ』（竹内博解説）昭和五十八年 1983、大和書房。

有馬治郎『ゴジラ vs ビオランテ』平成元年 1989、角川書店（角川文庫 7752）

〔論評系〕

石上三登志「ＳＦ映画の知的な冒険・９――特殊効果の系譜――」『映画評論』昭和四十三年 1968　四月号。

川本三郎「ゴジラはなぜ暗いのか」『新劇』昭和五十八年 1983　十一月号。

加藤典洋『さようならゴジラたち――戦後から遠く離れて――』平成二十二年 2010、岩波書店。

小林淳『ゴジラの音楽――伊福部昭、佐藤勝、宮内國郎、眞鍋理一郎の響きとその時代――』平成二十二年 2010、作品社。

赤坂憲雄『ゴジラとナウシカ——海の彼方より訪れしものたち——』平成二十六年2014、イースト・プレス。

池田憲章『怪獣博士の白熱講座　ゴジラ99の真実《ホント》』平成二十六年2014、徳間書店。

小野俊太郎『ゴジラの精神史』平成二十六年2014、彩流社。

中島春雄『怪獣人生　元祖ゴジラ俳優・中島春雄』平成二十六年2014、洋泉社（新書y283）。

〔映像系〕

テレビ朝日「戦後五十周年特別企画　ゴジラの見た日本」『ザ・スーパーサンデー』平成七年1995、八月十三日午後七時放映。

【付記】この番組（企画、斎藤裕彦。構成、折戸泰二郎・浅田敦史・長江俊和。制作、テレビ朝日・東宝株式会社）は、本放送時、留守録をして視聴し、そのまま記録された磁気テープが残されていたものを、本書脱稿後、『魔法少女　まどか☆マギカ』の講義（二〇一五年度、東海大学文学部共通科目「知のフロンティア」）準備中、自宅書庫の中から発見したものです。再生してみたところ、本書の内容と視点や知識など多く重なっていました。自覚はありませんでしたが、どうやらこの番組を視聴した時の印象が深く残り、それが基礎となって本書に至ったように思われます。これを学恩として、本番組関係者各位に記して感謝申し上げます。

ＮＨＫ（ＢＳプレミアム）『ザ・プレミアム 「ゴジラの大逆襲～お前は何者なのか」』平成二十六年2014、七月五日午後八時放映。

ＮＨＫ（ＢＳプレミアム）『音で怪獣を描いた男――ゴジラvs伊福部昭――』平成二十六年2014、七月六日午後十一時放映。

ＮＨＫ（ＢＳプレミアム）『ゴジラ生誕60年 日本の特撮 驚異の技』平成二十六年2014、午後九時放映。

その他、註釈にあたっては防衛庁のホームページを始め、公設私設、多くのサイトでの情報に頼らせていただきました。

テキストとした映像は、

『ゴジラ』1954 ブルーレイ盤（東宝2014 TBR24300D）

『ゴジラ対ヘドラ』1971 ＤＶＤ盤（東宝2014 TDV24251D）

『ゴジラ』1984 ブルーレイ盤（東宝2014 TBR24303D）

『ゴジラvsビオランテ』1989 ブルーレイ盤（東宝2014 TBR24304D）

『GODZILLA』1998　ＤＶＤ盤（東宝2014　TDV24269D）
『ゴジラ・モスラ・キングギドラ　大怪獣総攻撃』2001　ＤＶＤ盤（東宝2014　TDV18218D）
『ゴジラ　FINAL WARS』2004　ＤＶＤ盤（東宝2014　TDV15203D）

を用い、その他は日本映画専門チャンネルで繰り返し放送されている作品を視聴して用いています。

ほとんど衝動的に書き出した本書は、書き進めるうちに前著『古事記の仕組み』（新典社新書37）『少年少女のクロニクル』（新典社新書62）の延長線上に置けることに気づきました。おりしも同じ新典社さんから『澁川春海と谷重遠―双星煌論―』（新典社選書70）を刊行する準備中だったので、編集の小松由紀子さん――『古事記の仕組み』以来お世話になっています――に新典社新書の一冊に加えてくださるよう相談したところ、新典社選書の一冊として出していただくことになりました。

新典社の皆様に感謝いたします。

『古事記』からスタートした古典文学という知の迷宮への冒険は、GODZILLAのステージに至って、〈日本〉というゴールが見えてきたようです。

平成二十七年二月二十五日　GODZILLA　Blu-ray 盤発売日

来年の東宝の新作ゴジラが待たれます。

志水義夫

おいがき

ゴジラ六十周年の年のゴジラ1954公開記念日に原稿を書き始め、三か月で一気呵成に書きあげてから、新典社さんと相談しつつあれこれ加筆修正を行っているうちに『スターウォーズ』の最新作の上映も終わってしまいました。その間に『シン・ゴジラ』の撮影も終わったようです。

校正刷りの届いた平成二十八年2016三月九日の夜、衛星放送をつけていたらゴジラ番組が放映されていました（ＮＨＫＢＳ２『ザ・プロファイラー～夢と野望の人生～善か？　悪か？　時代に吠える怪獣王ゴジラ』午後十時放映）。『天地明察』で安井算哲（澁川春海）を演じた岡田准一さんを司会に、『ゴジラ×メカゴジラ』の戦うヒロイン、釈由美子さんが花を添え、『ゴジラ２０００』や『大怪獣総攻撃』などでこだわりの演技をみせていた佐野史郎さん、評論家の宇野常寛さんが出演していました。前著が『澁川春海と谷重遠――双星煌論――』（新典社選書70）だったこともあり、また「メディア文藝小攷――まど☆マギ・あの花・たまゆら・ハルヒ――」という一文を書いて（『湘南文学』第51号、平成二十八年2016三月、東海大学日本文学科）宇野さんの評論も読んだところだったこともあり、顔ぶれに大変興味を持って校正作業の手を休めました。番組自体は、『シン・ゴジラ』（庵野秀明総監督、樋口真嗣監督兼特技監督、平成二十八年2016公開予定）にむけて、ゴジラの総復習的要素が濃く出ていましたし、とくに佐野さんの発言には視聴しながらうなづくところ多大でしたし、その先何をいいたいか、なんとなくわかったような気がします。

最近は本来専門とする『古事記』『日本書紀』の研究より、江戸時代の学問や『ゴジラ』、『魔法少女まどか☆マギカ』などの特撮・アニメ——右の一文（『湘南文学』掲載の）で、これらの作品を「メディア文藝」と呼ぶことにしました——について考えることが多くなりましたが、メディア文藝に関しては、世の中に数多く評言があるものの、作品自体の註釈レベルでの読みを示したものは少ないように思われます。作品に即してだと、各種ムック本などであらすじの紹介をしたり、怪獣や武器等の説明は細かく多いのですが、それらが作品の主題や筋とどう関わりあっているのかは、依然、断片的な発言にとどまっているようです。放送番組も放映時間の関係で註釈的なものは難しいのでしょう。

本書が、果たして註釈としてどれほどの達成ができたのかは、自分では判断がつきませんが、「メディア文藝」に向かっての文学研究側からのアプローチとしては、この方法が基礎的なものだと思っています。わたしの勤める東海大学文学部には、わたしの所属する日本文学科のほかに、広報メディア学科や歴史学科、文明学科など、一つのテキストに多方面からアプローチできる環境があります。作品と社会との関わりは広報メディア学科の、あるいは歴史学科の得意とする領域でしょうし、その思想性においては文明学科の領域でしょう。そうすると日本語を用いて作られる日本文学という表現領域こそ日本文学科のうけもつ領域であろうと、そう考えてのゴジラ註釈の試みでした。さらにここから「註釈とはいかなる行為か」という問題が立ち上がるのですが、これは『古事記』や『日本書紀』の註釈の歴史に臨みながら考えて続けてゆこうと思います。

人の世の時の流れはうつろいやすく、学問の時の流れはゆったりと揺蕩《たゆた》んでいます。

平成二十八年三月十一日

著者識

志水　義夫（しみづ　よしを）
1962 年 4 月 13 日　東京都中野区に生まれる
1986 年 3 月　東海大学文学部北欧文学科卒業
1991 年 3 月　東海大学大学院文学研究科日本文学専攻
博士課程後期単位取得退学
学位　博士（文学）
現職　東海大学文学部日本文学科教授
著書『上代文学への招待』（1994年，ぺりかん社，共著），『古事記生成の研究』（2004年，おうふう），『古事記の仕組み―王権神話の文芸―』（2009年，新典社），『少年少女のクロニクル―セラムン、テツジン、ウルトラマン―』（2013年，新典社），『文学研究の思想―儒学、神道そして国学―』（2014年，東海大学出版部，共著），『澁川春海と谷重遠―双星煌論―』（2015年，新典社），『マンガでわかる古事記』（2015年，池田書店），他論文等多数。

ゴジラ傳《でん》
―― 怪獣ゴジラの文藝学 ――
新典社選書 79

2016 年 7 月 1 日　初刷発行

著　者　志 水　義 夫
発行者　岡 元　学 実

発行所　株式会社　新 典 社

〒101－0051　東京都千代田区神田神保町1－44－11
営業部　03－3233－8051　編集部　03－3233－8052
ＦＡＸ　03－3233－8053　振　替　00170－0－26932

印刷所 惠友印刷㈱　製本所 牧製本印刷㈱

ISBN 978-4-7879-6829-6 C0374
http://www.shintensha.co.jp/
E-Mail:info@shintensha.co.jp